本书的出版获得了浙江省一流学科（B类）—管理科学与工程、浙 务费项目的资助

原材料价格波动下制造商最优采购策略研究

Optimal Purchasing Strategies for a Manufacturer under the Fluctuation of Raw Material Price

吴 桥 著

ZHEJIANG UNIVERSITY PRESS
浙江大学出版社

图书在版编目（CIP）数据

原材料价格波动下制造商最优采购策略研究 / 吴桥
著. —杭州：浙江大学出版社，2020.7
ISBN 978-7-308-20200-8

Ⅰ.①原… Ⅱ.①吴… Ⅲ.①企业管理—采购管理
Ⅳ.①F274

中国版本图书馆 CIP 数据核字（2020）第 075905 号

原材料价格波动下制造商最优采购策略研究

吴　桥　著

责任编辑	杜希武
责任校对	高士吟
封面设计	刘依群
出版发行	浙江大学出版社
	（杭州市天目山路 148 号　邮政编码 310007）
	（网址：http://www.zjupress.com）
排　　版	杭州好友排版工作室
印　　刷	杭州良诸印刷有限公司
开　　本	710mm×1000mm　1/16
印　　张	7.75
字　　数	140 千
版 印 次	2020 年 7 月第 1 版　2020 年 7 月第 1 次印刷
书　　号	ISBN 978-7-308-20200-8
定　　价	49.00 元

前　言

世界经济环境瞬息万变,我国经济与世界经济联系日益密切,企业面临越来越多的不确定性。由于受到各种因素的影响,如市场供需关系、国际政治形势、自然灾害、货币汇率、炒作资金等,原材料市场价格经常剧烈波动。原材料市场价格的波动给企业的采购过程带来了风险,让很多制造企业陷入了两难的困境。制造业中原材料的采购成本往往占销售额的 60%～80%,原材料价格的波动很大程度上会影响企业利润的稳定性,因而许多企业非常注重制定采购策略,控制成本以提高企业竞争力。

在总结现有采购风险管理相关研究的基础上,本书研究不确定环境下制造商的最优采购策略。根据待采购原材料是否存在采购合约以及相应的金融工具,建立一个含四种采购情景的框架,并研究了各情景下采购者的最优采购策略。金融领域风险管理技术的发展使一些金融工具可用于控制采购风险,本研究结合运营管理方法与金融工具来研究制造商的采购策略。同时,考虑了采购决策者的风险态度,深入探讨了风险规避制造商的采购决策行为。

本研究首先运用最优控制方法,分析制造商仅通过现货市场交易时的采购问题。其次,讨论了单周期下制造商的混合采购策略,研究模型中运用均值—方差效用与期望效用理论来刻画决策者的风险规避行为,基于风险管理理论分析决策者的混合采购策略与套期保值策略。最后,运用随机动态规划方法构建采购决策模型,讨论了多周期下制造商的最优采购策略。本书的主要研究结论如下:

(1)在采购合约与金融工具都不存在的情况下,研究了制造商仅利用现货市场的采购策略。单个生产需求下,获得了制造商的最优库存控制策略及离散情形下制造商的近似最优采购策略。进一步分析表明,随着生产需求的增加,原材料最优采购量变大,但需求的波动不影响采购量;最优采购量与风险规避度之间关系由该时刻采购成本在采购周期内相对高低水平决定;随着原材料价格波动率或漂移率的增加,制造商将增加初始采购量,减少后期采购量。风险规避的决策者采用分散采购策略,而风险中性的决策者会采用

bang-bang 采购策略。

多个需求下决策者的最优采购量,取决于该时刻购买单位原材料效用的减小量与使用单位库存效用减少量的相对大小,决策者选择效用降低较少的方式来满足生产需求。最后,对三个需求下最优采购策略的数值分析表明:制造商为较高的生产需求提前储备原材料;制造商不为较低的生产需求提前储备原材料。

(2)制造商利用长期合约或期权合约从供应商采购原材料,同时也从现货市场购买原材料。通过建立采购模型得到了制造商的最优混合采购策略。组合利用长期合约与现货方式采购时,最优长期合约订购数量与决策者风险规避度或现货价格波动的关系受到现货价格期望值与长期合约价格两者相对高低的影响;最优合约订购量随着现货价格期望值的变大而增加。

当组合期权合约与现货方式采购时,最优期权购买量与决策者风险规避度的关系受到期权定价的影响。采用混合策略后,制造商的均值—方差效用水平得以提高。

(3)原材料相应的金融市场工具存在时,制造商能利用期货或期权金融工具来应对原材料的采购风险。期货工具存在时,制造商的最优购买量(期货合约或长期合约)与风险规避度或现货价格波动的关系也会受到现货价格期望值与合约价格两者相对高低的影响。用实证方法分析金属铜现货价格与期货价格间存在的均衡关系,并得到了不完美套期保值时金属铜的最优套期保值比率。当期权工具存在时,制造商的最优期权合约与长期合约购买量受到决策者风险规避或现货价格波动影响的方向不同,当期权合约(长期合约)购买量增加,长期合约(期权合约)购买量减少。

(4)制造商利用长期合约与现货市场进行多周期采购时,分析了多周期的最优采购策略。在两周期的简化情形下,研究结果表明长期合约价出现不同的走势时,决策者的采购策略是不同的,并给出两周期最优采购策略的解析式。当原材料的合约采购价格下降时,第一期的采购总量随着风险规避程度的增大而减少。当原材料的合约采购价格上升时,第一期的采购总量随着风险规避程度的增大而增加。第二期的最优合约订购量与风险规避程度之间的关系取决于第二期现货价格期望值与长期合约价格两者的相对高低。最后,比较三种不同采购方式下制造商效用水平的差别:采用混合采购策略的总效用最高,纯合约采购方式的效用次之,而现货采购的效用水平最低。

本研究在浙江大学管理学院刘南教授的指导下完成,感谢刘南老师以及团队成员为本研究提供的无私帮助,感谢浙江大学管理学院的老师为完善本研究工作给予的宝贵建议。本书的出版获得了浙江省一流学科(B 类)——管理科学与工程、浙江省属高校基本科研业务费项目的资助。

　　本研究借鉴了国内外学者的学术观点和最新研究成果,同时参考了相关的网络和数据库资料,在本书最后列出了主要的参考文献。由于作者水平和能力有限,加上时间仓促,难免存在不当之处,恳请各位读者和专家批评指正。

目　　录

1 导 论

1.1 研究背景

进入 21 世纪以来,经济全球化进程不断发展。我国经济与世界经济联系日益密切,国内企业的生产运营活动受到外部国际市场的影响。世界经济环境瞬息万变,企业的经营活动面临越来越多的不确定性。由于受到各种因素的影响,如市场供需关系、国际政治形势、自然灾害、货币汇率、炒作资金等,原材料市场价格经常剧烈波动。从 2009 年初到 2019 年初,全国玉米收购价格经历了过山车式的行情。2009 年到 2011 年玉米收购价格指数从初始的 95涨到 150,涨幅接近 60%;在 2014 年价格指数上涨至近 170,到 2017 年价格指数又跌回 95 左右(见图 1.1)。不仅仅玉米的市场价格剧烈波动,近几年很多其他大宗商品如铁矿石、铜、钢铁、棉花等价格波动也十分剧烈。

图 1.1 2009—2019 年全国玉米收购价格指数走势

资料来源:中华粮网

原材料市场的价格波动给企业的采购过程带来了风险,很多制造企业因此陷入两难的困境,因为价格大幅波动可能会使企业蒙受巨大的损失。一家生产环保增塑剂的民营企业,产品所需主要原材料是一级大豆油,每个月采购大豆油平均为 4000 吨。2016 年 12 月豆油价格一路走高,管理层预判未来继续上涨,在月底连续订货,采购量达到 13000 吨,平均价格每吨 7450 元,远超每个月的平均采购量,公司囤货达到历史高位。但 2017 年 1 月豆油价格开始下滑,到 2017 年 3 月每吨豆油价为 5750 元。该事项不仅导致公司在 2017 年第一季度出现巨亏,而且由于公司采购成本偏高,公司定价偏离市场,销售业务受阻,导致客户减少(刘福清,2017)。

制造业中原材料的采购成本往往占了销售额的 $60\% \sim 80\%$。原材料价格的波动很大程度上影响企业利润的稳定性,以至于关系到企业的正常经营运作。因而,许多企业非常注重采取适当策略控制采购成本,从而有效降低利润的不确定性。一些公司已经采用组合管理的模式以应对采购风险,比如惠普(HP)开始实施主动采购风险管理(PRM)方法(Nagali et al.,2008),每个项目基于不同的风险评价,采用不同的、灵活的采购方式满足需求。据惠普公司统计,由于 PRM 的实施,有关节省成本额达到了总成本的 5%,并且提高了利润的稳定性。

控制原材料的采购风险有助于提高企业的竞争力。传统上,制造商可通过与供应商签订采购合约的方式购买原材料。不管是价格波动的市场还是价格平稳的市场,采购合约都是一种普遍使用的方式。制造商与供应商在合约中商定好价格、数量、交货期、付款方式等条款后,明确了供需双方的权利和义务,合约具有较高的可操作性。

现货市场在资源分配中起了重要的作用。许多原材料交易通过现货市场进行,现货市场也是原材料采购的一个重要渠道。在信息技术快速发展的环境下,出现了许多在线产品交易市场,像 Chem-Connect,E-Steel,Converge等,这些电子交易市场的出现大大降低了现货交易的成本。某些大宗商品交易中,出现了远期协议定价方式逐渐减少的趋势。如延续近 40 年的铁矿石长期合约定价模式在 2010 年被取消,转而使用季度定价,结果使交易价格更接近于现货价格。

为了满足不断增长的风险管理的需求,国际上许多交易所如芝加哥期货交易所(CBOT)、伦敦金属交易所(LME)都推出了各种商品的期货、期权合约,这些金融工具已被越来越多地应用于原材料采购风险管理中。芝加哥期货交易所是 1848 年组建的,该所以大豆、玉米、小麦等农产品为主要期货品种,这些品种是国际上权威的农产品期货品种。而伦敦金属交易所是世界上最大的有色金属交易所,伦敦金属交易所的价格和库存影响全世界有色金属的生产和销售,主要的交易品种包括铜、铝、铅、锌、镍等。

　　在过去的 30 多年,公司金融领域的风险定量化和风险对冲工具等风险管理技术得到很大的发展(Kouvelis, et al., 2006),许多学者认为公司风险管理中的这些理论和工具可以应用到采购风险管理中。采购决策者必须根据原材料市场环境,合理利用这些金融工具控制原材料采购风险。这些金融工具如果使用不当,往往会造成巨大损失。2004 年,在新加坡上市的中航油(新加坡)因石油期货交易亏损 5.5 亿美元而破产。2003 年中航油(新加坡)曾凭投机交易获得相当大的盈利,但是到 2004 年当市场形势变差时,中航油面临巨额的账面亏损。管理层为了挽回损失,加大了投机交易规模,然而市场形势并未好转,最终导致公司破产。

　　在一个复杂多变的市场环境下,原材料市场上有不同采购方式可以选择,包括采购合约、现货市场采购、金融市场工具等。对一个要想在激烈市场竞争中获得持续竞争优势的制造商,制定最优采购策略来控制原材料的采购风险无疑是重要且具有挑战性的。

1.2　研究意义

　　在面对不确定的市场环境时,不少企业由于缺少有效的采购风险管理措施,或者采用不当的采购风险管理措施,而遭受了巨大损失。而一些企业在采购管理实践中,已经运用主动风险管理的策略,并取得了良好的效果。

　　现有原材料采购风险管理相关研究取得不少进展(具体见第 2 章文献综述),但现有研究对采购风险管理实践的指导作用还不够。本书运用风险管理理论与期望效用理论,对不确定环境下企业的原材料最优采购策略做深入、系统的研究。通过理论推演与实证分析方法,获得最优的采购策略,并对最优策略的性质进行分析,旨在为企业的管理实践提供理论指导,帮助企业提高采购风险管理水平。

1.2.1　理论意义

　　(1)运用采购合约、现货采购与金融工具等方式控制原材料采购风险,基于运营管理与金融经济理论建立决策模型,研究结果有助于促进该交叉领域理论的发展。

　　(2)本研究中引入决策者的风险规避因子,系统地研究了风险规避制造商的决策行为,比较了风险规避决策者与风险中性决策者决策行为的差别,研究成果有助于拓展现有的采购管理理论。

1.2.2　实践意义

(1)建立一个由四种不同采购情景组成的框架,分析各种情景下决策者的最优采购策略,指导采购决策者根据实际的情景采用与之相匹配的采购策略。

(2)获得了不确定市场环境下制造商的最优采购策略,并分析了市场价格风险、决策者风险规避度等主要因素对最优策略的影响,指导决策者根据市场环境以及自身风险规避度对采购策略做调整。

1.3　研究内容和方法

1.3.1　研究内容

原材料市场存在价格风险时,一些学者研究了决策者的原材料采购问题并提出了不同的应对策略,相关研究见第 2 章文献综述部分。基于采购管理实践,制造商采购原材料可分为是否签订采购合约、是否利用金融工具等不同情形。本项目根据所需原材料有无采购合约以及相应的金融工具,建立了一个四种采购情景的框架(见图 1.2),并研究了各种情景下采购者的最优采购策略。

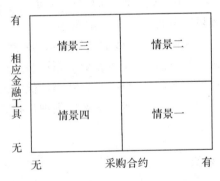

图 1.2　采购情景框架

情景一　有采购合约,无相应的原材料金融工具

采购商可与供应商签订采购合约,但待采购的原材料不具有标准化的性质,比如电子元器件等一些高科技产品。电子元器件的生命周期非常短,产品市场一直处于动态变化之中,价格随时间波动的趋势明显,而金融工具不适用于这类产品。情景一下,研究组合采购合约与现货采购的最优混合策略。

情景二　有采购合约,有相应的原材料金融工具

采购商可与供应商签订采购合约,且待采购的原材料具有标准化的性质,比如玉米、小麦等农产品。受到生产、运输等成本的影响,大宗农产品的价格经常变化。情景二下,研究混合采购合约、金融工具以及现货采购三种方式的最优采购策略。

情景三　无采购合约,有相应的原材料金融工具

采购商没有与供应商签订采购合约,而待采购的原材料具有标准化的性质,比如钢材、金属铜等一些商品。金融风险管理方法能应用于此类商品。情景三下,研究制造商利用金融工具的最优采购策略和套期保值策略。

情景四　无采购合约,无相应的原材料金融工具

采购商没有(或无法)与供应商签订采购合约,且待采购的原材料不具有标准化的性质,比如某些化工原料。若这类所需原材料面临采购风险,研究制造商仅利用现货市场的最优采购策略。

1.3.2　研究方法

本书综合运用了运营管理、金融风险管理的一些研究成果与理论方法,研究不确定环境下制造商的最优采购策略,具体的方法如下:

(1)最优控制方法

仅存在现货市场下,制造商通过现货市场进行多次采购,以满足原材料的生产需求。利用最优控制方法构建决策模型,研究单一需求或多需求下制造商的原材料采购问题。

(2)动态规划方法

多个采购周期需要采购原材料时,前一期的采购量将影响下一期的采购量,从整体角度来制定最优的采购策略。利用动态规划方法构建周期 t 以及最后周期 T 的决策模型,研究多周期的原材料采购问题。

(3)数值仿真法

在对数学模型进行推理和求解之后,运用计算实例对最优采购策略进行数值分析,通过敏感性分析研究变量之间的关系。运用画图工具直观展示模型的计算结果和研究结论,进一步验证研究结论。

1.4　技术路线与结构安排

1.4.1　技术路线

通过对企业采购管理实践的调研分析,并对采购管理相关文献资料进行梳理,总结了现有的研究成果和不足之处,最后确定了本书的研究问题。本研究技术路线图见图1.3。

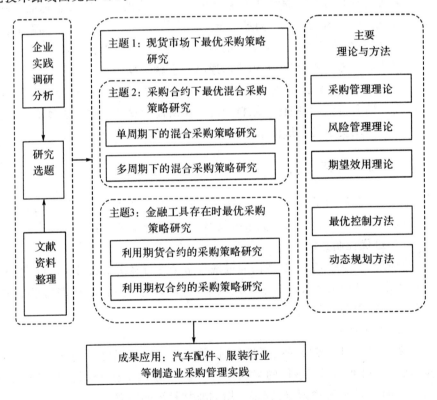

图1.3　本研究技术路线图

首先,运用最优控制方法研究制造商仅通过现货市场进行交易的采购问题。其次,研究单周期下制造商的最优采购策略,决策者采用混合采购策略或者利用金融工具来控制原材料采购成本,降低市场波动对企业生产的影响。

研究的理论基础是期望效用理论和风险管理理论,期望效用理论用于刻画市场价格波动环境下决策者的决策行为,风险管理理论用于确定混合采购策略与套期保值策略。再次,面临多个采购需求,决策者需要在多个采购时点灵活配置采购量。把单周期的情形进行拓展,运用随机动态规划方法构建决策模型,研究多周期下的最优采购策略。最后,概述了本书的主要研究结论并提出了未来的研究方向。

1.4.2　结构安排

第1章是导论。该部分主要阐述本书研究的背景、研究的问题、研究的意义、研究的内容、研究技术路线和结构安排以及本研究的创新点。

第2章是文献综述。该部分主要介绍目前国内外关于原材料采购风险管理的理论研究,包括运作管理中最相关的采购及供应链契约理论,以及金融经济学中产品定价和套期保值理论,并对现有研究进行总结和评述,分析现有研究的优点和局限性。

第3章是现货市场下采购策略研究。研究了单一需求与多个需求下的连续时间采购问题,获得了连续时间下的最优库存控制策略,以及离散情形下的近似最优策略。然后,比较了风险规避与风险中性时决策者采购策略的区别。

第4章是单周期下混合采购策略研究。第一节研究了组合利用长期采购合约与现货采购时的最优策略,并分析了最优策略的性质。然后,比较了单一现货市场、纯长期合约和混合市场三种采购方式下制造商利润的差别。第二节研究组合利用期权采购合约与现货采购时的最优策略,最后比较采用混合策略后制造商的均值—方差效用水平的变化。

第5章是金融工具存在下采购策略研究。分别研究了利用单一金融工具(期货合约或期权合约)以及同时使用两种金融工具时,风险规避制造商的最优采购策略,并分析了各因素对最优策略的影响。另外,研究了期货价格与现货价格之间的均衡关系以及不完美情形时期货的最优套期保值比率。

第6章是多周期下混合采购策略研究。本章拓展了第4章单周期混合采购策略的研究,分析了多周期下的最优采购策略的性质。然后,考虑了一个两周期的简化问题,获得了最优策略的解析式。

第7章是研究总结与展望。该部分主要是对本研究的工作进行总结,分析研究中存在的不足之处,最后对未来进一步的研究方向提出了建议。

1.5　项目创新点

本研究的创新点为：

(1)研究视角方面的创新。现有研究提出利用现货市场采购、长期合约、期权合约等来应对原材料采购风险。不少研究表明采用混合策略能降低采购风险，但未对采购市场环境或原材料的特性进行系统分析。事实上市场环境、原材料的特性决定了可行的采购风险应对策略。本研究根据原材料是否存在采购合约以及相应的金融工具，构建了一个包含四种采购情景的框架，并系统地研究了各种情景下的最优采购策略。

(2)研究方法方面的创新。现有文献主要从运营管理角度探讨制造商的采购问题。金融领域风险管理技术的发展使一些金融工具可用于控制采购风险，本研究在现有文献基础上，结合运营管理方法与金融工具来研究制造商的采购策略。

(3)研究观点方面的创新。不确定环境下决策者有风险规避的特征，现有一些研究基于均值—方差效用或期望效用理论引入决策者的风险规避性，分析风险规避性对最优决策的影响，但研究结论存在一定差异。本研究梳理了影响制造商采购决策的关键变量，构建合理的采购决策模型，系统深入探讨风险规避制造商的决策行为。

1.6　本章小结

本章首先阐述了本书的研究背景，接着分析了研究的意义，然后提出了研究的内容、技术路线与结构安排，最后说明了本研究的创新点。

2 文献综述

2.1 相关概念界定

首先对文中涉及的几个重要概念进行界定。

(1)远期合约与期权合约

远期合约与期权合约是指采购时制造商与供应商签订的不同合约。远期合约(又称长期合约)方式是指制造商与供应商签订供货合约,合约中规定交易货物的数量、价格、交货期等条款,远期合约是最常见的采购合约。本研究中期权合约方式限定为买权(看涨期权),是指制造商先支付给供应商一定的费用(期权费),从而获得权利在将来规定期限内按约定的价格(执行价格)购买一定数量的某种商品,当然制造商可以放弃这种权利。其他的一些采购合约,比如数量柔性合约、数量折扣合约等可参考 Cachon (2003)的文章(见表 2.1)。

表 2.1 采购合约分类

合约方式	描述
远期合约 (长期合约)	买卖双方约定在未来的某一确定时间,按协议价格买卖一定数量的某种商品
期权合约	买方先支付给卖方一定的费用(期权费),从而得到权利在将来规定期限内按约定的价格(执行价格)购买一定数量的某种商品
其他方式	数量柔性合约、数量折扣合约等

(2)商品期货合约与期权合约

商品期货合约与期权合约是指在伦敦金属交易所(LME)、芝加哥期货交易所(CBOT)等交易所上市交易的标准化合约。商品期货合约与期权合约都是金融工具,这些工具最初是为了满足人们风险管理的需求而产生的。

商品期货合约是指由交易所统一制定的,规定在将来某一特定的时间和地点,以事先规定的价格交割一定数量实物商品的标准化合约。期权合约是指由交易所统一制定的,规定买方有权在合约规定的有效期限内,以事先规定的价格买进相关商品的标准化合约。

商品期货与远期(长期)采购合约具有一定相似性。两者之间的主要区别为:商品期货是交易所统一制定的标准化合约,而远期(长期)采购合约是可定制化合约(非标准化合约),具体条款由交易双方协商确定;商品期货一般通过对冲方式,做一次相反方向的交易实现平仓(现金交割),远期(长期)采购合约则通过实物方式实现交割。买入一份期货合约的收益函数(假设执行价格=10)如图 2.1(a)所示,当商品的到期价格大于 10,买方的收益为正;当到期价格小于 10,买方的收益为负。

商品期权合约与期权采购合约之间的区别同商品期货与远期采购合约的区别类似。买入一份看涨期权合约的收益函数(假设期权费=3,执行价格=9)见图 2.1(b),当商品的到期价格大于 12,买方的收益为正;当到期价格小于 12,买方的收益为负(亏损),但买方的亏损不会超过 3(期权费)。

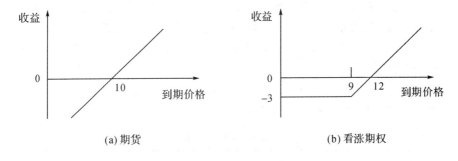

图 2.1 金融工具收益曲线

(3)现货采购

现货采购是指制造商在生产需要时直接从现货市场上购买所需的原材料。现货市场在资源分配中起了重要的作用,许多原材料的交易是在现货市场进行的。现货市场价格能迅速地反映市场上供需情况,由于供需情况受到多种因素的影响,其价格的波动性往往比较大。

(4)原材料

原材料在工业中是"原料"与"材料"的统称,特指有形的物质。原料(raw material)指来自矿业和农业的未经加工的物品;材料(processed material)指经过加工的原料。比如铁矿石属于冶炼钢铁的原料,钢铁是其他加工业的材料。本书中原材料指两者的统称,并未对两者做严格区分。

(5)期望效用理论

20 世纪 50 年代,Von Neumann 和 Morgenstern(1944)在公理化假设的基础上,建立了不确定条件下分析理性人选择的框架——期望效用函数理论(Expected Utility Theory,EUT)。本书研究不确定环境下的决策问题,主要是建立在期望效用理论上。期望效用理论的核心思想是:决策过程中基础效用函数是不变的,而各种结果出现的概率根据决策者获得信息而确定。

离散的情形下,如果未来可能的结果用 x_n 表示,各结果出现的概率用 π 表示,基础效用函数用 u 表示,那么决策者的期望效用 EU 可表示为

$$EU = \sum \pi(x_n)u(x_n)$$

2.2　价格确定下的采购策略研究

采购在制造业企业中占据非常重要的地位。对很多制造商而言,原材料采购成本占公司总成本的 $60\%\sim80\%$。采购支出的少量减少将对公司盈利带来较大的影响。采购管理要求公司分析外部市场状况以及内部需求,确定战略性的采购策略,从而有效地控制采购成本。采购活动涉及供需双方,供需双方一般指供应商与制造商或者批发商与零售商。接下来对制造商或零售商的采购策略做一个综述,从价格确定与价格波动两个方面进行。本节概述价格确定下的采购策略,2.3 节总结价格波动下的采购策略。

在研究决策者的最优采购策略或者供应链上下游间的协调策略时,许多工作没有考虑价格不确定的情形。最优采购策略方面研究从买方(制造商或零售商)的角度进行,这些研究主要是为了应对需求的不确定性给买方造成的风险,如经典的报童模型;而协调策略研究从供应链供需双方角度进行,大部分研究是集中在单个供应商与单个零售商的两级供应链模型,Cachon (2003)和 Lariviere(1999)总结了这方面的工作,这些研究是为了提升供应链的整体效率。

2.2.1　报童问题

报童问题是指一个面临随机需求的决策者,在销售周期初需要决定短生命周期产品的订货量,典型的短生命周期产品有报纸、流行服装等。在周期末若有卖不出的产品,产品过时会给决策者造成损失。假设报童每天销售量是

一个随机变量,销售量为 r 的概率为 $f(r)$,分布函数为 $F(r)$。报童每卖出一份报纸赚 k 元;如报纸未能卖出,每份亏 h 元。报童的目标是使期望收益最大,报童的最优订货量 q 满足

$$F(q) = \frac{k}{k+h}$$

报童问题的最优解是对过量订货与订货不足造成损失之间的权衡(运筹学教材编写组,2005)。报童问题是随机库存理论的基础,Porteus(1990)对报童问题做了一个综述。一些学者对经典的报童模型进行了扩展。经典的模型中假设市场需求是外生的,市场需求与产品价格无关。一些研究则放松了这个假设(Mills,1959,1962;Petruzzi and Dada,1999),考虑了产品定价影响到市场需求时,决策者的最优采购决策与定价决策。

有一些研究讨论了含两次订货机会的报童问题(Chung and Flynn,2001;Warburton 和 Stratton,2005),这可看成是一个双源采购问题:较早的订货点被看作长期合约采购方式,较晚的订货点被看作现货市场的采购方式。还有一些研究分析了双源采购下采购者的风险偏好,如在一个有两次采购机会的报童问题中,Oberlaender(2011)用指数效用函数来刻画决策者的风险偏好(风险偏好时决策者的采购策略将在后面部分进行总结)。Khouja(1999)进一步讨论了有多个订货机会的报童问题。

2.2.2　双源或多源采购

零售商仅从单个供应商购买商品,零售商的采购渠道只有一种。上述的含两次订货机会的报童问题可看作双源采购问题,在实际中双源采购或多源采购方式也是常见的(Donohue,2000;Araman et al.,2001;夏雨和方磊,2017;戴宾等,2016;徐和和彭伟真,2016)。相关研究表明多源或双源采购方式对零售商最优采购策略产生影响。

Donohue(2000)研究了采用双生产模式的短周期商品的有效采购合约。双生产模式中,慢模式下交货期长但相对生产成本低,快模式下交货快但生产成本高。期初采购商可以以较低价格订购产品,或期末以较高价格订购;若周期结束后,有未出售库存可以退回供应商。这种合约形式可以协调采购商和供应商之间的利益。

Araman 等(2001)的模型中采购商可以通过合约、电子交易(现货市场)或者两者结合的方式采购。合约采用纯远期合约的形式,当合约预定的产能不能满足需求时从现货市场购买。结果表明从买家的角度来看现货市场是有

益的,混合策略是占优策略。Lee 和 Whang(2002) 研究了二级市场的影响,买家可以在二级市场上交易多余的库存。研究表明二级市场的引入会提高供应链的分配效率,但供应商的收益并不一定增加。Veeraraghavan 和 Scheller-Wolf(2008) 考虑了结合常规渠道和较短提前期采购渠道的采购问题。这些研究中电子交易或二级市场不存在价格不确定风险,电子交易或二级市场仅作为买方与卖方之间处理剩余库存的方式。

2.2.3 供需双方协调策略

协调策略从供需角度研究提高供应链的收益。如果供应商与零售商之间仅通过一个批发价格订立合约,那么零售商的订货水平低于使供应链利润最大化的订货量,导致两级供应链利润之和小于供应链集成时的利润,即出现"双重边际"(Double Marginalization)现象(Spengler,1950)。双重边际现象的出现是供应链各方独自决策,最大化自己的收益而引起的。可以通过设计一些合约机制来协调供应链上下游成员间关系,防止双重边际现象的出现。这些合约中通常包含以下几个因素:产品价格、产品质量、购买数量等(蔡建湖和王丽萍,2010;王迎军,2005)。

常见的合约有 Pasternack(1985)、Emmons 和 Gilbert(1998)等提出的回购合约(buyback contract),这种方式指在销售季节后供应商用一个合理的价格从零售商回收未销售出去的产品。还有 Tsay(1999)提出的数量弹性合约(quantity flexibility contract),指当零售商观察到市场需求后允许改变原先给供应商的订货量。

另外的合约还包括 Cachon 和 Lariviere(2005)的收入分享合约(revenue sharing contract),指零售商把一部分销售收入转移给供应商;Lee 和 Rosenblatt(1986)、Monahan(1984)的数量折扣合约(quantity discount contract),指供应商可根据销售商订购量的大小对批发价格进行打折,从而刺激销售商增加订购量;以及 Tsay 和 Agrawal(2000)、孙荣庭,孙林岩和李刚(2010)、刘南,吴桥和鲁其辉等(2011)的两部收费契约(two-part tariffs)等。

2.2.4 引入期权合约的协调机制

除了上述常见的供应链合约外,期权合约(option contract)也常应用于上下游的协调机制中。Barnes-Schuster 等(2002)建立了一个单供应商—单零售商短周期产品(如服装、玩具等)的带期权两阶段模型。他们比较了集中与离散两种渠道模式:在集中模式下,决策者确定最优的生产与采购数量最大化供应链的利润,该模式下没有使用期权合约。在离散模式下,供应方是 Stack-elberg(斯塔克博格)博弈中的领导者,初始时刻 1 供应方决定批发价、期权和执行价格,零售商预订一定数量的货物以及购买一定数量的期权。在时刻 2,零售商有权执行期权购买额外的货物。

Barnes-Schuster 等(2002)的研究表明像备货契约、数量弹性契约等弹性合约都是期权合约的特殊形式。期权合约能给零售商提供很大的灵活性从而更好地应对市场需求,提高两级供应链的利润。期权通过增加灵活性降低供应商和零售商的风险,在销售期间期权合约对零售商的补货是一个有效的机制。

Cheng 等(2003)考虑了一个混合传统长期合约与期权合约的协调机制问题。研究表明期权合约把制造商的部分需求风险转移给了供应商,为此供应商需要得到风险补偿,并提出适当的协商机制以协调双方的利益。Jornsten 等(2011)研究了含期权合约的报童问题,获得了混合策略的解析式,并说明当买方有利润波动限制时,混合策略要优于单一期权采购策略。

国内的一些学者也在供应链协调研究中引入了期权机制。马士华等(2004)提出制造商预定供应商的产能以保证经营目标的实现,最终实现供应链利益的协调。该文没有考虑现货市场存在的情况。晏妮娜和黄小原(2005)研究了零售商通过电子市场出售传统市场未售出的剩余退货。但文中电子市场只是用于处理剩余退货,而没有考虑从电子市场采购商品。另外,晏妮娜和黄小原(2007)研究了需求不确定条件下,传统供应链中分销商的最优订货量和最优期权购买量,以及期权合约实现供应链协调的充分条件。崔爱平和刘伟(2009)提出一种基于期权契约的协调机制来研究集成商与分包商物流能力的订购与投资决策问题,并对协调机制效果进行分析。这些研究侧重于通过供应链上下游之间协调,提高供应链的整体收益,但未考虑采购价格的不确定性。

2.3 价格不确定时的采购策略研究

全球化环境下,风险管理已经引起业界管理者和学术界研究者越来越多的关注。企业的采购过程存在各种各样风险,包括价格风险、违约风险、供应中断风险等。一些企业已采取措施应对采购价格风险(杨贵,2011;Gaudenzi et al.,2018;Hallikas and Lintukangas,2016;Pellegrino et al.,2018)。Gaudenzi 等分析了通过利用各种采购合约降低商品价格风险的策略。Hallikas

和 Lintukangas 研究了转换供应商和替代商品两种风险管理策略在降低价格风险方面的有效性。

本书主要从采购管理角度研究对原材料市场价格风险的控制。下面概述原材料或成品的价格波动时,买方的采购策略。现有的研究主要包括单一市场采购策略、混合采购策略、风险规避时的采购策略等。

2.3.1 单一市场采购策略

单一市场采购策略指利用单一的现货市场或采购合约来购买商品,或者利用金融市场工具来对冲采购风险。而采购合约包括长期供货合约、数量柔性合约、订货时间柔性合约等不同类型的合约。

Fabian 等(1959)较早地研究了价格不确定情况下的采购问题。Golabi(1985)研究了订货价格不确定,但满足某一概率分布情况下的库存问题,提出最优的采购策略取决于价格水平。当价格服从 Markov(马尔可夫)过程、需求服从泊松分布时,Yang 和 Xia(2009)得到基本库存策略是最优策略。Berling 和 Martinez-de-Albéniz(2011)描述了价格依赖的基本库存策略的性质。胡雄鹰等(2008)引入概率分布函数建立了价格季节性随机波动环境下的产品采购成本优化模型,通过实例比较了确定性经济环境与随机性经济环境下的最优采购策略。谢智雪和郑力(2012)建立了动态规划模型,采用随机微积分方法分析了最优静态策略,并引入 Bayes(贝叶斯)决策方法得到了动态策略。

一些学者利用最优控制理论研究了价格波动下的库存问题。Arnold 等(2009)分析价格波动下最优的采购—库存策略,应用 Pontryagin(庞特里亚金)最大值原理得到最优策略是 bang-bang 的采购形式。Guo 等(2011)的研究表明最优的控制方法是价格依赖的两阈值策略。曹晓刚等(2010)研究了价格波动下的生产—库存系统的联合控制问题。

Li 和 Kouvelis(1999)研究了需求确定但价格不确定情况下的供应合约。现货价格 P 随市场情况连续变动,符合几何布朗运动。合约的持续时间为 $[0,T]$,在时刻 T 零售商面临固定的需求 D。零售商必须在合约持续期间内采购数量 D。研究了两种类型的合约:订货时间灵活与订货时间固定合约。前者允许零售商在 $[0,T]$ 的任意时刻购买,后者零售商必须在时刻 0 确定购买量。$g(P)$ 是单位采购成本,零售商的目标是确定时间柔性合约的最优订货时点最小化期望采购成本,

$$S(t,P_t) = \min\{Dg(P_t)e^{-rt}[1+h(T-t)], E[S(t+dt, P_{t+dt}|P_t)]\}$$

结果表明,若考虑合约的风险共担特征(若现货价格在一个预定的价格窗

口之外,额外的成本或收益由供应商与零售商分担),时间柔性合约能降低采购成本,尤其在现货价格波动较大、风险共担水平较高时,时间柔性合约更有效果。

利用实物期权或柔性采购合约来应对风险的研究包括 Seppi 和 Ronn(2003),Smith 和 McCardle(1999),Li 和 Kouvelis(1999),Jaillet,Ronn 等(2004)等。不确定市场环境下,胡本勇等(2009)提出销售商可采用延迟订货、柔性采购等策略,降低或转移市场不确定性风险,提高订货决策的质量。Gurnani 和 Tang(1999)用两阶段模型研究了一个零售商的最优订货策略。第一阶段价格确定但需求不确定,第二阶段需求信息得到更新但价格变得不确定,零售商要权衡两种订购方式从而决定最优的采购策略。Miller 和 Chan(2002)总结了不确定环境下期权模型的应用,并指出未来建模的方向,未来研究中需要融合决策科学方法与实物期权工具以建立更可行的实物期权分析框架。

经济全球化下汇率的波动引起成本的变化,汇率波动也会影响决策者的最优采购策略。Gavirneni(2004),Arcelus 和 Srinivasan(1993),Kouvelis 和 Gutieerez(1997),Kamrad 和 Siddique(2004),杨庆定和黄培清(2005)等考虑了汇率波动情形下的供应合约问题。

还有学者从商品的定价和套期保值角度开展研究。他们分析了农产品、石油等大宗商品现货市场的特点(Chambers and Bailey,1996;Deaton and Laroque,1996;Dixit and Pindyck,1994;Routledge et al.,2000),分析了便利收益、库存成本等因素与价格之间的关系,以及现货价格与远期价格之间存在长期均衡关系。这些研究关注金融市场存在下的采购风险管理,但这些研究没有考虑到采购合约的组合问题。

2.3.2 混合采购策略

混合采购策略(mixed strategy,combined strategy)指买方同时使用两种或两种以上的采购方式来应对采购风险,比如现货采购和长期采购合约、现货采购和产能期权合约等。

随着市场竞争的加剧和环境的不断变化,供应链风险管理的重要性和难度将同时增加。陈祥锋(2006)提出了采购合同组合管理决策的意义,采购组合管理可以有效降低供应链风险,并提出了相应的组合采购策略。研究表明,通过组合长期与短期合约能降低供应链的成本,以及增加供应链的灵活性。

2.3.2.1 结合现货市场的采购策略

信息技术的应用促进了现货市场的发展,而现货市场的发展使得一些采购管理研究中考虑了利用现货市场。一部分引入了现货市场的研究模型中现货市场价格是确定的。Allaz 和 Vila(1993)对寡头竞争市场、确定的现货价格情况下,远期合约的有效性进行了分析。他们分析了影响市场有效性的因素,研究表明纯远期合约会产生低效率。Erhun 等(2000)用博弈论模型研究了多周期下确定性现货市场对供应链协调的影响。模型是一个卖家和一个买家,买家可以使用合约或后续的现货市场中采购产能。研究表明,现货市场的引入能够降低或消除双重边际现象,子博弈纳什均衡结果是帕累托有效的。

Serel 等(2001)研究了现货市场存在下的产能预定合约,研究表明,与单一产能预定合约相比,结合现货市场的采购策略会降低制造商对长期供应商的产能预定。Serel(2007)进一步考虑了现货市场的断货风险,研究了现货供应不确定对多周期产能预定合约的影响。结果表明,与现货供应充足的情况相比,供应不确定时供应商通过增加产能预定数量和降低预定价格来增加收益,同时也增加了制造商的利润。Haksoz 和 Seshadri (2007)对现货市场存在下的运作管理做了一个很好的综述。

2.3.2.2 价格与采购量相关下的采购策略

原材料(商品)的采购价格会受到采购批量的影响。比如当买方的购买量增加时,供应商会给买方一定的价格折扣。当商品的采购价格与采购量相关时,Akella 等(2005)分析了面临随机需求时零售商的最优采购策略。市场需求必须全部满足,如果实际的需求超过供应量,那么剩余的需求会通过现货市场得以满足。

在初始时刻观测到需求之前,零售商确定预定产能水平 K,预订费用 Ψ。当零售商的采购量为 q 时,供应商向零售商供货的价格为 $p(q)=2p-(p/K)q$,$0 \leqslant q \leqslant K$。观察到市场需求后,零售商的决策是:若需求 $D<K$,零售商以 $p(D)$ 的价格向供应商采购数量 D;若需求 $D \geqslant K$,零售商以 $p(K)$ 的价格从供应商处采购数量 K,剩余的 $(D-K)$ 数量从现货市场购买。

零售商的目标是最小化期望采购成本,

$$\min C(K)=\min[E(\Psi,D<K)+E(\Psi,D>K)]$$

Akella 等(2005)做了大量的数值分析,结果表明长期合约与现货采购组成的混合策略是最优的,最优的产能预定水平 K^* 与市场需求均值接近。

产品价格影响产品需求时,Spinler 等(2003)得出采购商在产品价格与需求间不同相关状态下的最优采购决策。李建斌和杨瑞娜(2011)研究了在现货价格和客户需求关联的情形下,建立现货市场供应量有限时的两阶段采购风险管理模型,采用期权组合合约,使零售商的期望收益最大化。邢伟等(2012)研究了影响市场需求和现货市场价格的公共因子与特殊因子对制造商采购决策的影响。

产品市场需求与市场上某一金融资产的价格相关时,Gaur 和 Seshadri (2005)研究利用市场工具来降低短周期产品的库存风险,但 Gaur 和 Seshadri (2005)的研究问题中采购价格是固定的。另外,Gaur 等(2007)考虑了需求与销售价格相关时的库存模型。

2.3.2.3　组合长期合约与短期合约的采购策略

价格不确定环境下,组合长期合约与短期合约可降低采购风险。Cohen 和 Agrawal(1999)考虑了价格和需求不确定情况下库存控制问题,分析了多阶段环境下价格确定的长期契约与灵活的、价格不确定的短期契约之间的权衡。结论表明,长期契约并不一定是最好的,在某些情况下买家更愿意使用短期契约。Peleg 等(2002)在两周期模型中使用长期合约、拍卖采购和组合策略三种采购方式。结果表明,采购商面临的市场特点不同时,最优策略可能会不同,但总体上拍卖方式是对买家有利的。Mendelson 和 Tunca(2007)建立了现货价格是内生变量的模型,并分析了一个供应商和多个制造商之间的动态博弈均衡,结果表明,现货交易能改善供应链利润和消费者剩余。Li 等(2009)建立模型比较了单一采购策略与混合策略,结果表明价格不确定增加时制造商偏好长期合约,需求不确定增加时偏好短期合约。

现货市场可以看作是短期合约。在现货市场和传统长期合约市场共存时,王丽梅等(2011)研究了现货供应的不确定性和销售商的风险规避态度对销售商的采购策略的影响。在此基础上,王丽梅等(2012)分析了不同市场条件下销售商订购量和零售价格变化情况。Williams(1987),Jouini 和 Kallal (1995)考虑了远期合约与现货采购交易成本的差别,在此基础上,Secomandi 和 Kekre(2011)分析远期合约与现货采购的交易成本有差异时最优的采购策略,并对有关因素进行了敏感性分析。

2.3.2.4　结合期权合约的采购策略

为了应对采购风险,一些学者把产能期权合约引入供应链采购管理中。Ritchken 和 Tapiero(1986)在结合期权合约与现货市场的采购风险管理方面做了开创性的工作。Ritchken 和 Tapiero(1986)用一个单阶段模型研究了期权合约对订货策略的影响。该模型中初始时刻 1,零售商决定购买期权的数量为 U_0 以及库存的数量为 Q_0,单位期权费用和库存的购买费用分别为 s 和

P_0。在该阶段零售商的库存成本和期权交易成本分别为 h_s 和 h_c。在时刻 2 需求和现货价格 P 已知,零售商需要决定期权执行量以及库存购买量以满足市场需求。因此,零售商为满足需求,消耗的总成本为:

$$F(Q_0, U_0, P, D) = P_0 Q_0 + h_s + s U_0 + h_c + \delta[P(D - Q_0) - (P - g) + U_0]$$

决策者的目标是损失最小化,即

$$\min E[F(Q_0, U_0, P, D)] + k\mathrm{Var}[F(Q_0, U_0, P, D)]$$

研究表明,现货市场的价格影响最优订货策略:一方面,影响期初的库存量;另一方面,影响预定的期权数量。在需求和价格服从对数正态分布的前提下,Ritchken 和 Tapiero(1986)发现随着现货价格与需求的相关性的增加,期权的使用就更有价值。

Kleindorfer 等对资本密集型行业的混合采购问题展开研究,并做出了较大贡献。他们利用长期合约与短期合约,应对资本密集行业如电力行业的不确定性因素,结果得出组合合约可提高协调的效果。Wu et al. (2002)研究了一个供应商与一个或多个采购商之间使用期权合约时的协调问题。模型中供应商是 Stackelberg 博弈中的领导者,结果得到卖家最优的定价方法和买家最优的混合合约策略。Spinler 和 Huchzermeier(2006)建立一个框架分析期权合约在服务供应链中的价值,研究表明引入期权可使供需双方共担风险,并取得 Pareto(帕累托)改进的效果。

Kleindorfer 和 Wu(2003),Spinler 和 Huchzermeier(2006)对类似的问题做了拓展,得出在商品价格与需求间不同相关状态下采购商的最优采购决策。进一步,Wu 和 Kleindorfer(2005)考虑了多供应商提供期权合约情况下的决策问题,结果表明竞争能提高供应链效率。

除了 Ritchken 和 Tapiero(1986)、Kleindorfer 和 Wu(2003)等人外,不少学者也研究采用结合期权合约的混合采购策略来优化采购与库存决策(赵霞和黄培清,2009;吴桥等,2013;张广胜和刘伟,2019;赵海峰和毛婉晴,2014;王恒和徐琪,2017;Feng 等, 2014;Aggarwal 和 Ganeshan,2007;Arnold 和 Minner,2011)。赵海峰和毛婉晴(2014)、张广胜和刘伟(2019)引入期权合约研究服务集成商的决策优化问题。吴桥等(2013)研究原材料价格波动下一风险规避制造商的最优组合采购策略。王恒和徐琪(2017)研究市场需求与现货价格相关条件下销售商规避风险的混合采购决策。

2.3.2.5 组合多种合约的采购策略

各种采购合约有不同的特征,一些文献考虑了存在多个合约情形下的采购决策。Cachon 和 Lariviere(2001)研究了在不同期权合约间灵活地分配需求。Yao 等（2012）研究了外包公司最优的外包合约组合与外包时间。Martínez-de-Albéniz 和 Simchi-Levi（2005）考察了使用多期权合约的采购问题，在期权种类与数量确定的情况下，研究最优的补货策略。Martínez-Albéniz 和 Simchi-Levi（2009）还分析了采购管理中供应商之间竞争对采购策略的影响。这些模型中没有引入现货市场。

吴锋等（2014）在同时存在现货、长期协议和期权多种采购渠道时，建立了采购商多阶段组合决策模型。Hilmer 和 Quinn（1999）提出了决策者可使用短期合约、期权合约、长期合约等不同采购方式，并指出采购时可充分利用不同采购方式的优点来降低采购成本。Tibben-Lembke（2004）通过最大化期望利润得到不同购买承诺、不同数量限制、不同价格的采购组合方式。Talluri 和 Lee（2010）研究了市场价格不确定，有供应折扣、供应能力限制时最优供应合约的选择。Fu 等（2010）分析了多种采购合约之间采购量的分配问题，并证明了多种合约方式的价值：与单一合约方式相比更能降低采购成本。

混合采购策略的主要文献分类情况见表 2.2。

表 2.2　混合采购策略主要文献小结

文献类别	相关研究
结合现货市场 的采购策略	Allaz andVila（1993） Araman et al.（2001） Erhun et al.（2000） Serel et al.（2001） Serel（2007）
价格与采购量相关下 的采购策略	Akella et al.（2005） Spinler et al.（2003） 李建斌和杨瑞娜（2011）
组合长期合约与 短期合约的采购策略	Cohen and Agrawal（1999） Etzion and Pinker（2008） Li et al.（2009） Mendelson and Tunca（2007） Peleg et al.（2002） Secomandi and Kekre（2011） 王丽梅等（2011） 李志鹏等（2018）

文献类别	相关研究
结合期权合约 的采购策略	Feng et al.（2014） Aggarwal and Ganeshan（2007） Arnold and Minner（2011） Kleindorfer and Wu（2003） Wu and Kleindorfer（2005） Ritchken and Tapiero（1986） 赵霞和黄培清（2009） 吴桥等（2013） 张广胜和刘伟（2019） 赵海峰和毛婉晴（2014） 王恒和徐琪（2017）
组合多种合约 的采购策略	Fu et al.（2010） Martínez-de-Albéniz and Simchi-Levi（2005） Martínez-de-Albéniz and Simchi-Levi（2009） Gaudenzi et al.（2018） 陈祥锋（2006） 吴锋等（2004）

2.3.2.6 混合采购策略下的协调机制

混合采购策略有助于提高供需之间协调效率,对供应商与零售商具有吸引力。Golovachkina 和 Bradley(2002)建立了一供应商与一制造商组成的单阶段模型。模型中供应商是 Stackelberg 博弈中的领导者,具有有限的产能 K,建立单位产能的费用为 β,生产单位产品的费用为 b。需求 D 与价格 p 分布对供应商和零售商是共同知识(common knowledge)。

事件的时间顺序如下:在初始时刻1,供应商确定向制造商供货合约的参数 (s,g),s 为单位产能预订费用,g 为时刻2的单位采购费用(执行价格)。在合约 (s,g) 下,制造商预定产能数量 Q,供应商则确定产量 Q_p。在时刻2,需求与价格确定,制造商决定向供应商的采购量 q 以及现货市场的采购量 q_s。在时刻2,制造商的决策目的是最小化采购成本,确定时刻2的采购量 q^*。

$$\min C_2(q,q_s) = gq + pq_s$$
$$\text{s. t. } q \leqslant Q, q + q_s = D, q, q_s \geqslant 0$$

在时点 1,制造商要决定预定产能数量 Q^* 最小化期望采购费用,

$$\min C(Q) = E[p(D-q^*)+sQ+gq^*], \text{s. t. } 0 \leqslant Q \leqslant K$$

时点 1 供应商要最大化自己的期望利润,c_m 是在现货市场销售时的额外费用。供应商的目标是

$$\max \prod (s,g,Q_p) = E[-K\beta - Q_p b + sQ^* + gq^* + (p-c_m)(Q_p - q^*)]$$
$$\text{s. t. } Q^* \leqslant Q_p \leqslant K, \ s,g \geqslant 0$$

Golovachkina 和 Bradley(2002)的研究结果表明,当供应商有充足的产能时,合约对供应商与零售商都具有吸引力。供应商的最优策略设定一个低的执行价格以保证制造商会购买产品,并且权衡当前收益与未来收益来设定合理的预订费用。Burnetas 和 Ritchken(2005)用一个类似的单阶段模型,考虑了期权合约在供应商—零售商协调中的作用。

Golovachkina 和 Bradley(2002)考虑的是有形商品如钢铁、木材等,Wu 等(2002)则研究了电力、服务等不可储存商品的协调问题。Wu 等(2002)建立了一个与 Golovachkina 和 Bradley(2002)模型相似的单阶段两时点的模型。在时点 2,零售商面临的总需求是产能预定数量 Q 和现货价格 p 的函数。当现货市场价格高于执行价格时,零售商才会从供应商处购买商品。零售商面临的支付函数 $U(D)$,确定预定量 Q^* 最大化自己的效用函数:

$$V(D,Q,p) = U(D) - sQ - gq - pq_s$$

供应商仅在现货价格高于生产成本 b 时才会在现货市场销售,市场的流动性为 m,因此选择最优的 (s^*,g^*) 最大化目标期望利润,

$$\max \prod (s,g,p,Q) = -K\beta - bq + sQ + gq + m(p-b)^+(K-q)$$

Wu 等(2002)的研究表明,零售商的最优预定数量受到供应商合约参数的影响。供应商会设定一个尽量低的执行价格,而通过设定一个最优的预订费用来获得最大的利润。最优的预订费用受到供应商的机会成本 $(E(p-b)^+)$ 与零售商的需求弹性的影响。

国内学者也研究了利用期权机制应对产品的价格风险,王丽梅等(2009)对存在现货市场下的供应链协调做了概述。陈崇萍和陈志祥(2017)分析制造企业同时向一个价格低但价格波动的海外供应商和一个价格高但价格稳定的国内供应商采购原材料的双源采购问题。刘英和慕银平(2016)、常志平和蒋馥(2004)设计了一种以期权合约为基础的协调机制,并求出在这种协调机制下供应商与零售商,或供应商与制造商的最优决策。陈祥锋和朱晨波(2006)考虑了零售商可以通过现货市场和期权合同购买产品。增加了期权合同后,

供应链可以实现收益共享、风险共担,而且供应链整体效率得以提高。

邢伟等(2008)研究了 B2B(公司对公司业务)电子市场环境下,供应商和零售商的最优策略。晏妮娜和黄小原(2006)设计了应用期权合约协调 B2B 在线市场与传统市场的机制。郭琼和杨德礼(2006)通过期权机制,建立了电子市场与传统契约市场共存条件下的供应链中各决策主体的决策模型。在电子市场与期权合约市场并存条件下,李培勤(2009)找出了供应商的最优期权合约参数,及各最优解的变化规律。

2.3.3　风险规避时的采购策略

前述的研究中一般假设决策者是风险中性的,决策者的目标是最大化期望收益或最小化期望成本。但在不确定的环境下决策者往往有风险规避的特点,一些学者在研究中考虑决策者的风险敏感程度。Markowitz 开发了均值—方差(Mean-Variance,MV)模型,用于分析金融中的风险因素(Markowitz,1952,1987),均值—方差方法也应用于库存管理模型(Chen and Federgruen 2000)。Tapiero (2008)、Oberlaender (2011)、Shu L 等(2015) 利用期望效用理论研究风险规避零售商的采购策略。

Seifert 等(2004)、Chiu 和 Choi (2016)基于均值方差效用获得了风险规避零售商的采购策略。在 Seifert 等(2004)的模型中零售商能利用两种采购方式:一种是长期合约方式,合约价格为 c;另一种是现货采购方式,价格是随机的。在期末时刻零售商面临的需求 D 是随机的,零售商的决策是组合利用两种采购方式最大化 MV 效用函数。

在初始时刻零售商决定合约采购量为 Q,期末时刻零售商从供应商处获得 Q 数量的产品。这时若需求 D 大于 Q,从现货市场购买($D-Q$)数量的产品;若合约采购量 Q 大于 D,向现货市场出售($Q-D$)数量的产品。考虑到风险回避因素,零售商的效用函数,

$$U(Q) = E(\Pi) - kVar(\Pi), k > 0$$

零售商的利润函数是 $\Pi(Q) = rD - cQ - P_t(D-Q)$,其中 P_t 是现货市场价格,r 是产品零售价。模型中假设需求 D 与 P_t 的价格服从联合正态分布 $BN(\mu_d, \mu_s, \sigma_d^2, \sigma_s^2, \rho)$。

最后得到了最优订购数量和相应期望利润与方差的解析结果,结果表明采用混合策略后决策者的利润优于从单个市场采购的利润。Seifert 等(2004)进一步做了敏感性分析,分析了市场需求、现货价格波动、需求与现货

价格相关性和风险规避程度对决策者最优采购量和期望利润的影响。

Tapiero(2005)提出把 VaR 风险度量方法应用于库存管理中。由于电力市场价格不确定以及负荷需求的随机性,供电公司在不同市场间购电会综合考虑风险和收益的均衡问题。王壬等(2006)、王金凤等(2008)、Li 等(2014)将 CVaR 风险收益模型应用于供电公司的购电组合问题。Yau 等(2010)研究制定最优的采购策略来满足客户需求,模型中引入了带 CVaR 约束的风险规避因素。

温源等(2012)分析了风险中性批发商的批发价决策与风险厌恶制造商的采购决策,结果得到制造商因规避风险会减少采购。王丹萍等(2011)考虑双源采购渠道下风险规避成员最优组合采购策略,制造商的订购量随着风险规避程度提高而逐渐升高。上述关于风险规避下最优采购策略的研究结论存在一定差异,主要由刻画决策者风险态度模型的不同引起。

此外,供需双方协调策略的研究也考虑了决策者的风险规避度。Gan 等(2004)研究了参与者风险规避时的供应链协调问题,结果表明与风险中性参与者风险规避时相比契约的协调效果是不同的。Gan 等(2005)研究了风险规避的零售商面对收益下跌风险时的协调问题。若下跌的风险超过零售商的接受范围,能够协调风险中性参与者的回购契约和收益共享契约已经达不到原来的效果;并提出一个风险共担的契约,保护零售商的利益,以达到协调的目的。

2.3.4 多周期的采购策略

当制造商面临多个周期的需求时,前一周期的采购量会影响到后一周期期初的库存水平,前后周期的决策之间存在相关性。决策者要从全局的角度来确定一个最优的采购策略。一些学者关注了制造商的多期采购问题。

Yi 和 Scheller-Wolf(2003)研究了一个多阶段的库存管理问题,目标是最小化补货成本。零售商有两种采购方式:一种是固定价格的长期合约,另一种是现货市场采购。模型中假设零售商事先能观察到现货价格,研究表明库存策略 (s, S) 能用来确定最优的采购策略。

Martínez-de-Albéniz 和 Simchi-Levi (2005)考察了制造商利用现货市场与不同契约的多期采购问题。面对多期、离散的随机需求时,制造商要确定最佳的组合采购合约,包括固定价格的长期合约、期权合约以及现货采购使利润最大化。运用动态规划方法,Martínez-de-Albéniz 和 Simchi-Levi (2005)得到最优的补货策略是基本库存策略(base-stock policy),而期权合约按照行权价格由低到高执行。结果表明随着需求波动的减少,利润增加;随着价格波动或需求波动的增加,会增加期权合约采购量,并减少固定价格合约采购量。

Ganeshan 等(2009)用一个两周期模型说明了采购商能通过组合期权合约与现货采购方式减少采购风险。Nascimento 和 Powell(2009)建立一个含多次采购机会、每次采购量有限制的采购模型。Inderfurth 和 Kelle(2011)在一个多周期的模型中考虑了产品需求和价格的不确定性,研究表明混合策略要优于单一购买策略。模型中各阶段间独立决策,决策者是风险中性的。

Kouvelis 等(2013)研究了一个风险规避制造商的采购问题,该制造商购买可存储商品用于生产最终产品。Kouvelis 等(2013)分析可存储商品的多周期库存策略和金融工具对冲策略,在大多数情况下,最优策略是短视的(myopic)。

还有,杨庆定和黄培清(2005)研究了汇率波动时国际供应链中制造商的多阶段最优订购策略。陈晨和吴锋(2011)建立制造商的两阶段采购决策模型,利用期货、期权和现货三种采购方式来应对采购中的价格风险和库存风险。

2.3.5 其他采购风险研究

面对原材料市场价格的大幅波动,企业需要采用相应策略来规避价格波动带来的风险。为有效最小化国际原油价格波动带来的风险,潘伟等(2016)认为价格变动时动用战略石油储备降低风险有限。慕银平和刘利明(2015a,2015b)分析供应链企业通过采购价格柔性策略来缓解采购价格波动给企业利润带来的风险。

企业的运营绩效受到汇率波动的影响(Hodder,1982;Pantzalis et al.,2001)。金融工具能应用于运营管理中帮助企业降低运营风险,但这方面的定量研究很少。Ding 等(2007)建立模型分析一个跨国公司运用产能分配期权与金融工具应对汇率风险。该公司向国内和国外两个市场销售产品,而生产可在单一国家或两个国家进行。结果表明产能分配期权与金融工具对冲策略对公司的绩效均有影响;采用金融工具对冲策略后,公司的利润波动较小。Dong 等(2006)考虑跨国公司在国外市场面临竞争时,三种运营策略对公司绩效的影响。

有些学者对价格波动时的采购策略进行拓展,考虑了采购与定价、生产或配送的联合决策。比如:邢伟等(2008)研究了零售商参与 B2B 电子市场交易时的最优订购和定价策略;Nie 等(2011)分析采购与产成品定价的联合策略。

Devalkar 等(2011)考虑了多阶段情形下产品采购、生产与销售的联合决策；Boyabatl 等(2011)研究了牛肉供应链中最优的采购、加工与生产决策。Goel 和 Gutierrez(2011)得到了采购和配送的近似最优的联合策略。

2.4　研究现状小结

自 20 世纪末以来,国内外对于组合使用现货市场与合约市场,或者综合利用实物与金融工具的混合策略研究逐渐增多,并且取得了不少的成果。而且在电力行业、钢铁行业等领域,这些研究成果一定程度上已经得以应用。

本章总结了价格确定与价格波动情形下的采购及协调策略。先概述了经典的报童问题,接着是双源采购问题与供应链协调机制。价格确定时讨论的长期合约、期权合约等采购方式可用于价格波动时的采购策略。价格波动下首先总结了单一市场的采购策略,决策者可通过组合这些单一市场的采购方式来应对原材料的采购风险;然后重点讨论了混合采购策略;最后介绍了多周期的采购问题与其他有关的研究。这部分文献与本书的研究内容最相关,但目前这部分研究的局限性是没有考虑决策者的风险规避性以及利用金融工具。一些学者如 Seifert 等(2004)分析了风险规避时的采购策略,本研究是对这些研究的拓展,并综合考虑了采购合约与金融工具对最优采购策略的影响。

总体上,国外在采购风险管理方面的研究起步较早,而国内相对较晚。相关学者研究运用最优的采购策略与协调机制,来降低原材料(或产品)的采购风险,从而提高制造商以及供应链的整体绩效。现有的研究主要基于一个制造商(零售商)决策模型,不同的学者从各方面加以扩展,如考虑原材料(或产品)的价格波动、产品需求波动、价格与市场需求的相关性,引入风险管理工具期权或期货合约等,并探讨了单个或多个供应商与制造商(零售商)决策之间的相互影响。

目前采购风险管理方面的研究正处于一个发展期,一些方向还需要做进一步深入与系统的研究。可进一步研究的方向主要包括:

(1)结合运营策略与金融工具能帮助企业降低运营风险,提升运营与财务绩效,但这方面的定量研究很少。在剧烈变化的市场环境中,这方面的研究具有重要的现实意义。

(2)一些关于采购与协调策略的文献考虑了决策者的风险规避因素,这符合实际情形下决策者的决策特点,然而引入风险规避度的混合采购策略研究却不多。可利用均值方差效用、期望效用等模型引入风险规避因子,进一步系统地考察决策者风险规避因素对采购策略的影响。

(3)对于两周期的混合采购决策以及多周期的动态采购决策已有一些研究,但连续时间情形下的采购策略研究较少。需进一步讨论多周期时间离散以及时间连续情形的采购策略,并分析多周期与单周期情况下采购决策的联系和区别。

(4)现货市场存在下,现有的供应商—零售商协调机制大多假设成本和需求信息为成员间的共同知识(common knowledge),而对于成员间信息不对称的情况研究很少。信息不对称的情况在现实中是普遍存在的,因此考虑信息不对称情况下,拥有私有信息的供应链成员之间的协调机制是一个很有价值的研究方向。

在现有研究的基础上,本书重点研究价格不确定环境下决策者风险规避时的混合采购策略、金融市场存在下的采购策略以及多周期下的采购策略等。

2.5　本章小结

本章首先对文中涉及的远期合约、期权合约、商品期货市场、现货市场等核心概念进行界定。接着总结了现货价格确定与价格波动情形下运营管理中的采购及协调策略。首先概述价格确定下的采购及协调策略,这是后续研究的基础。然后详细归纳了价格波动时的采购与协调策略,主要从单一市场策略、混合采购策略、风险规避时的采购策略等方面展开。最后,对原材料采购风险管理相关的研究进行总结和评述,并提出本书研究的重点。

3 现货市场下采购策略研究

本章中制造商所需的原材料仅通过现货市场交易,而相对应的原材料长期采购合约或金融工具不存在。连续时间采购是指在单个周期内可通过现货市场进行多次采购,以满足原材料的生产需求。

3.1 单一需求下的采购策略

3.1.1 研究问题

一风险规避的制造商在周期末 T 需要一批原材料用于加工,生产出成品再向市场销售(如图 3.1)。原材料现货市场上价格具有波动性,制造商可在采购周期 $[0,T]$ 内任何时刻 t 购买原材料,t 时刻($0 \leqslant t \leqslant T$)购买的价格为 $p(t)$,购买的数量为 $q(t)$。期末的生产需求为 D,需求的均值为 μ_D。

在时刻 T 之前,购买的数量 $q(t)$ 大于 0;若期末时刻原材料的库存量大于生产需求,制造商可在现货市场出售多余的原材料,也就是在时刻 T,$q(T)$ 可小于 0。假设不考虑采购提前期,原材料现货价格不受制造商采购决策的影响,制造商是市场价格的接受者。

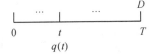

图 3.1 单一需求下的连续采购模型

制造商(采购决策者)的任务是制定最优的原材料采购策略满足生产的需求,尽量降低采购的成本,使公司获得最大的利润。从采购初始时刻 0 到周期末 T,采购者的总效用函数 $v(x(0))$ 是各次采购效用之和,定义在采购周期内现金流水平上：

$$v(x(0)) = E_0\left[\int_0^T \delta^t u\left(l(t)\right) \mathrm{d}t\right] \qquad (3.1)$$

$$\text{s.t.} \quad x(0) = x_0 \qquad (3.1a)$$

$$x(T) = x(0) + \int_0^T q(t) \mathrm{d}t = D \qquad (3.1b)$$

$x(t)$ 为 t 时刻原材料的库存量，因此 $x'(t) = q(t)$；

$\delta = e^{-rt}$ 为决策者的主观折现因子，$0 < \delta < 1$，折现率 $r > 0$；

$l(t)$ 为 t 时刻的现金流，等于采购费用支出，$l(t) = -p(t)q(t)$；

$u(l)$ 为采购决策者的效用函数，u 是满足单调递增性质的凹函数，表示了决策者的风险规避特征，u 具有时间可分可加的性质。

（3.1a）表示初始时刻原材料库存为 x_0，约束条件（3.1b）表示该周期末 T 时刻的原材料库存量要满足生产需求。周期末对原材料的需求大于期初的库存量，即 $D > x_0$，否则制造商就不需要采购任何原材料。式（3.1）表示了总期望效用等于采购周期 $[0, T]$ 内采购者的效用之和，采购决策者的目标是使总期望效用水平最大化。

3.1.2 连续时间库存策略

不妨设连续时间采购下最优策略满足 $x(t) \geqslant 0$ 与 $q(t) \geqslant 0$，记 $F = E_0[\delta^t u(-p(t)q(t))]$，由欧拉方程 $F_x - \dfrac{\mathrm{d}F_{x'}}{\mathrm{d}t} = 0$ 得到采购模型（3.1）的最优性条件

$$E_0\left[u'(-p_t q_t^*)\delta^t p_t\right] = c_1 \qquad (3.2)$$

其中 c_1 为常数。

结合式（3.2）以及边界条件（3.1a）与（3.1b）可确定风险规避制造商的最优库存策略。若采购决策者的效用函数 $u(l)$ 是二次函数的形式，且原材料价格服从几何布朗运动形式，把效用函数和价格运动函数代入式（3.2）可得到最优库存策略的解析式。

二次效用函数为 $u(l) = l - \dfrac{1}{2}kl^2$，其中 $k > 0$，k 越大表示采购者的风险规避度越大。几何布朗运动过程是汇率或商品价格波动环境下常用的随机价格模型（Li 和 Kouvelis，1999；Hull，2009），原材料价格 $p(t)$ 服从几何布朗运动的随机过程，可以表示为

$$\frac{\mathrm{d}p}{p}=\mu\mathrm{d}t+\sigma\mathrm{d}W \text{ 或者 } \mathrm{d}\ln p=\left(\mu-\frac{\sigma^2}{2}\right)\mathrm{d}t+\sigma\mathrm{d}W$$

其中,μ 为价格的漂移率,表示了价格随时间的变化趋势;σ 为价格的波动率,表示随机波动的程度;$\mathrm{d}W$ 是几何布朗运动过程,表示影响价格变化的随机因素。

在这两个假设前提下,可得原材料最优的库存控制策略。

由式(3.2)得到 $q^*(t)=\dfrac{c_1 \mathrm{e}^{rt}-E(p_t)}{kE(p_t^2)}=\dfrac{c_1 \mathrm{e}^{rt}-p_0 \mathrm{e}^{\mu t}}{k p_0^2 \mathrm{e}^{(2\mu t+\sigma^2 t)}}$,两边积分可得到

$$x^*(t)=\frac{c_1}{k p_0^2(r-2\mu-\sigma^2)}\exp\left[(r-2\mu-\sigma^2)t\right]+$$

$$\frac{1}{k p_0(\mu+\sigma^2)}\exp\left[(-\mu-\sigma^2)t\right]+c_2 \qquad (3.3)$$

其中,$c_1=\dfrac{k p_0^2(r-2\mu-\sigma^2)}{\exp(rT-2\mu T-\sigma^2 T)-1}\left(D-x_0-\dfrac{\exp(-\mu T-\sigma^2 T)-1}{k p_0(\mu+\sigma^2)}\right)$;

$c_2=x_0-\dfrac{1}{k p_0(\mu+\sigma^2)}-$

$$\frac{1}{\exp(rT-2\mu T-\sigma^2 T)-1}\left(D-x_0-\frac{\exp(-\mu T-\sigma^2 T)-1}{k p_0(\mu+\sigma^2)}\right);$$

p_0 为初始时刻原材料的价格。

现假设模型中制造商在 3 个月后需要原材料——钢坯用于生产加工,采购周期初始库存 $x_0=0$,当前钢坯价格 $p_0=580$ 美元/吨,$k=0.0001$,折现因子 $\delta=0.9$,预测周期末的需求 $D=50$ 吨。根据 LME 的 2011 年 4—9 月份钢坯现货交易的历史数据统计分析得到现货价格年漂移率 $\mu=0.1637$,年波动率 $\sigma=0.3487$。取 LME 钢坯的历史数据仅用于本节研究模型的算例分析,实际中需采用所需原材料的历史价格数据。

在这些条件下,由式(3.3)可得出连续时间下的库存控制水平

$$x^*(t)=-657.9\exp(-0.3436t)+60.43\exp(-0.2853t)+597.5$$

如图 3.2 所示,采购周期初库存为 0,随着时间的推移最优库存水平逐步增加(并非线性增加),最后达到周期末的需求水平。

3.1.3 离散化近似最优采购策略

在实际运营管理中,采购周期内制造商购买原材料一般是分次进行的。因此,利用离散化方法来处理模型(3.1),可得到近似的最优采购策略。把时间段 $[0,T]$ 均分为 N 个离散区间,得到 $N+1$ 个时刻,用 i 表示,$i=0,\cdots,N$。

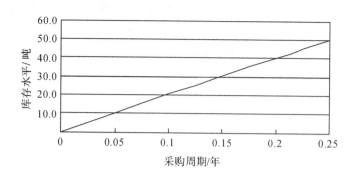

图 3.2　连续时间模型库存控制

于是决策者的总效用函数(3.1)可表示为

$$\max v(x_0, q(i)) = E_0 \Big[\sum_{i=0}^{N} \delta^i u(l(i)) \Big] \tag{3.4}$$

$$\text{s. t. } x(N) = x_0 + \sum_{i=0}^{N} q(i) = D$$

u 是凹函数,因此 $v(q)$ 是凹函数存在最大值。将约束条件代入式(3.4)得到总效用函数:

$$v(x_0, q(i)) = E_0 \Big[\sum_{i=0}^{N-1} \delta^i u(-p_i q_i) + \delta^N u \big(-p_N (D - x_0 - \sum_{i=0}^{N-1} q_i) \big) \Big] \tag{3.5}$$

由总效用函数(3.5)的一阶条件得到,

$$\delta^i E_0 (u'(-p_i q_i^*) p_i) = \delta^T E_0 \big(u'(-p_N(D - x_0 - \sum_{i=0}^{N-1} q_i^*)) p_N \big)$$
$$i = 0, 1, \cdots, N-1 \tag{3.6}$$

根据式(3.6)就能确定最优的采购策略 $q^*(i)$。若采购决策者的效用函数具有二次函数的形式,可以得到最优采购策略

$$q^*(i) = \cfrac{k(\mu_D - x_0) + \sum\limits_{j=0}^{N} \cfrac{\delta^j E(p_j) - \delta^i E(p_i)}{\delta^j E(p_j^2)}}{k \sum\limits_{j=0}^{N} \cfrac{\delta^i E(p_i^2)}{\delta^j E(p_j^2)}}, i = 0, 1, \cdots, N \tag{3.7}$$

因此,各时刻的采购量 $q'(i) = \max(q^*(i), 0)$。

3.1.4　最优采购策略的敏感性分析

在获得制造商的最优采购策略后,进一步分析原材料生产需求、决策者风险规避程度、价格风险等因素对最优策略的影响。根据式(3.7)分析最优策略随各因素的变化情况,并通过蒙特卡罗方法进行数值分析,然后总结最优采购策略的变化情况。除非另外具体说明,相关参数设置与连续时间库存模型一样(见表3.1)。把采购周期 T 分为 3 个时间段,间隔 Δt 为 1 个月,4 个时刻用 0,1,2,3 表示。

表 3.1　模拟过程的参数值

参数	参数值
年漂移率 μ	0.1637
年波动率	0.3487
T/月	3
N	3
步长 Δt /年	1/12
p_0/(美元/吨)	580

原材料价格服从几何布朗运动,于是价格随机运动路径为

$$p(t+\Delta t)=p(t)\exp\left[\left(\mu-\frac{\sigma^2}{2}\right)\Delta t+\sigma\varepsilon\sqrt{\Delta t}\right]$$

其中 $p(t)$ 表示 t 时刻的价格,Δt 为时间间隔,ε 代表标准正态分布的一个随机取样。

首先模拟原材料价格大量的运动路径,其中价格的一次运动路径见表 3.2。

表 3.2　价格的一次运动路径模拟

时刻	价格/(美元/吨)	随机抽样
0	580.00	-1.47827
1	518.16	1.14128
2	582.47	0.40806
3	613.99	-0.59120

然后计算所有路径下的样本一阶矩和二阶矩,最后估计最优的采购数量。具体的模拟步骤如下:

(1)从初始时刻的价格开始,到该周期末为止,根据价格随机运动路径模拟价格 $p(t)$ 的一次运动路径;

(2)计算出这次模拟路径下的各时刻 p_i 和 p_i^2;

(3)重复第一和第二步,得到大量的样本结果,计算样本一阶矩和二阶矩;

(4)代入式(3.7)得到最优的采购数量的估计值。

图 3.3 至图 3.6 中的采购数量是由式(3.7)计算而得到的,而式(3.7)最优采购策略 $q^*(i)$ 中价格的一阶矩和二阶矩是通过蒙特卡罗方法模拟计算得到的。

3.1.4.1 采购周期末生产需求的影响

命题 1 最优采购量随生产需求的变大而增加,但与需求的波动无关。

证明:由式(3.7)可得,若生产需求 μ_D 增加最优采购策略 $q^*(i)$ 随之线性增加,需求波动 σ_D 不影响最优采购策略。因此命题 1 成立。

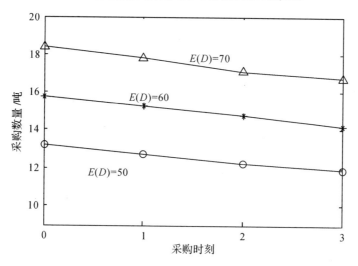

图 3.3　生产需求对采购量的影响

图 3.3 表示生产需求分别是 50,60,70 吨时原材料采购数量的对比情况。从图中可看出生产需求为 70 吨时各时刻采购量高于生产需求为 60 吨的采购量,需求为 60 吨时高于 50 吨时的采购量。

从图 3.3 中还可以看出某一生产需求下各时刻的采购量呈现下降的趋势,这是不同采购时刻下原材料期望采购成本的差异引起的。

记 $DC_i = \sum_{j=0}^{N} \dfrac{\delta^j E(p_j) - \delta^i E(p_i)}{\delta^j E(p_j^2)}$, $BQ_i = (\mu_D - x_0) \Big/ \Big[\sum_{j=0}^{N} \dfrac{\delta^i E(p_i^2)}{\delta^j E(p_j^2)} \Big]$

那么式(3.7)就变为

$$q^*(i) = BQ_i + \cfrac{DC_i}{k \sum\limits_{j=0}^{N} \cfrac{\delta^i E(p_i^2)}{\delta^j E(p_j^2)}} \qquad (3.8)$$

BQ_i 表示 $t(i)$ 时刻的基准采购量。$\delta^i E(p_i)$ 表示 $t(i)$ 时刻折现采购成本，DC_i 表示 $t(i)$ 时刻折现采购成本在采购周期内相对高低水平。$DC_i=0$ 说明 $t(i)$ 时刻折现采购成本刚好处于平均水平，这时 $q^*(i)=BQ_i$，最优采购量等于基准采购量；$DC_i<0$ 说明 $t(i)$ 时刻折现采购成本较高，这时最优采购量低于基准采购量；$DC_i>0$ 说明 $t(i)$ 时刻折现采购成本较低，这时最优采购量高于基准采购量。

当前参数设置下，$DC_0=4.76\times10^{-5}>0$，因此初始时刻采购量较大；随着时间的推移，$DC_3=-5.17\times10^{-5}<0$，后期采购量逐渐减少。

3.1.4.2 风险规避程度的影响

命题 2 $DC_i>0$ 时，$q^*(i)$ 随风险规避度的增加而增大；

$DC_i=0$ 时，$q^*(i)$ 不受风险规避度的影响；

$DC_i<0$ 时，$q^*(i)$ 随风险规避度的增加而减小。

证明：由式(3.8)可得 $q^*(i)$ 与 k 的关系由 DC_i 的符号决定，因此命题 2 成立。

图 3.4 表示了采购周期内采购决策者不同风险态度下的最优采购数量，可以看出随着决策者风险规避度 k 的增加，采购曲线趋于平缓。当 $k=0.00001$时，$q^*(0)=14.27$，$q^*(3)=10.91$；$k=0.0001$ 时，$q^*(0)=13.17$，

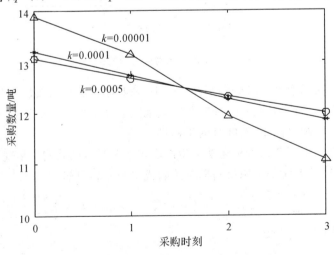

图 3.4 风险规避程度对采购量的影响

$q^*(3)=11.84$。也就是，当 k 增加，初始时刻的采购量会减少；而后期的采购量则增加。

采购成本相对高低影响决策者的采购数量，风险规避度小的制造商在期望成本较低时会买入较多的原材料，表现得更为激进；而风险规避度大的制造商更倾向于平均化，表现得相对保守。图 3.4 中表现为初始时刻 0 采购成本相对较低($DC_i>0$)，$q^*(i)$ 随着风险规避程度的增大而减小；采购后期相对成本较高($DC_i<0$)，随着风险规避程度的增加，采购量 $q^*(i)$ 增加。最终，随着风险规避度的增加各次采购量趋向基准采购量 BQ_i。

或者从另一个角度看，随着采购决策者的风险规避程度变小，采购成本较低时刻的采购量会不断增加，极限情况就是 3.1.5 小节中风险中性情形下的 bang-bang 采购策略。

3.1.4.3 现货价格风险的影响

命题 3 随着价格波动率或漂移率的增加，风险规避制造商初期的采购量增加，后期的采购量减少。

证明：由式(3.7)可得

$$q^*(i) = \frac{k(\mu_D - x_0) + \dfrac{1}{p_0}\sum_{j=0}^{N}\left[\exp(-\mu j - \sigma^2 j) - \delta^{i-j}\exp(\mu i - 2\mu j - \sigma^2 j)\right]}{k\sum_{j=0}^{N}\delta^{i-j}\exp\left[2\mu(i-j) + \sigma^2(i-j)\right]}$$

上式的分子大于 0。当 i 很小(采购初始阶段)时，分母随着价格波动率 σ 或漂移率 μ 的增加而变小；因而，采购初始阶段的购买量增加。当 i 很大(后期阶段)时，分母随着价格波动率 σ 或漂移率 μ 的增加而变大；因而，后期的购买量减少。命题 3 成立。

在二次效用函数下，$t(i)$ 时刻现货价格 $p(i)$ 波动风险增加，意味着 $E(p_i)$ 不变而 $E(p_i^2)$ 增大，也就是漂移率 μ 不变，波动率 σ 增加。图 3.5 表示了原材料价格波动风险对最优采购量 $q^*(i)$ 的影响：当原材料价格波动增加，初始时刻的采购量增加，后期的采购量减少。当 $\sigma=0.3487$ 时，$q^*(0)=13.17$，$q^*(3)=11.84$；$\sigma=1.0000$ 时，$q^*(0)=14.57$，$q^*(3)=10.56$。也就是，当 σ 增加，初始时刻的采购量会增加；而后期的采购量则减少。因为制造商是风险规避的，不愿承担较高的市场波动风险。当现货价格的不确定增加时，采用增加初始采购、减少后期采购的策略能降低不确定性因素带来的影响。

另外当原材料价格波动率不变，但漂移率 μ 变化时，制造商各时刻的采购量也会发生变化(如图 3.6)。与价格波动率变化情形类似，若价格漂移率变大,制造商采用增加初始采购,减少后期采购的策略。因为当漂移率 μ 变大时,原材料的预期价格增加,采购成本会增加。

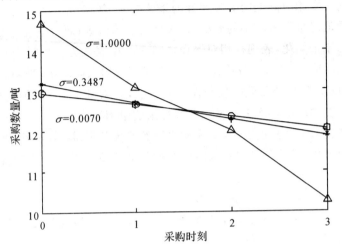

图 3.5　价格波动率对采购量的影响

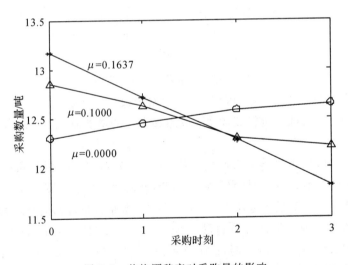

图 3.6　价格漂移率对采购量的影响

3.1.5　与风险中性采购策略的比较

3.1.5.1　采购策略的比较

若采购决策者是风险中性的,决策者的目标使总的采购成本最小。也

就是,

$$\min v(x_0, q(i)) = E_0\left[\sum_{i=0}^N e^{-ri}p(i)q(i)\right] = \sum_{i=0}^N q(i)E_0\left[e^{-ri}p(i)\right] \quad (3.9)$$

$$\text{s. t. } x(N) = x_0 + \sum_{i=0}^N q(i) = D,$$

$$q(i) \geqslant 0$$

式(3.9)是一个线性规划问题,其中 $E_0[e^{-ri}p(i)]$ 代表原材料的期望折现采购成本。通过分析其对偶问题可得到该问题的最优解 $q^*(i) = \mu_D$,这里采购时刻 i 使 $E_0[e^{-ri}p(i)]$ 取到最小值,其余采购时刻 $q^*(i) = 0$。

因此,风险中性采购者的采购策略是:在期望折现采购成本最低时采购原材料,其余时刻不采购。这种采购方式称为 bang-bang 采购策略。

当原材料价格服从几何布朗运动时,$E_0[e^{-ri}p(i)] = e^{(\mu-r)i}$。因此,当价格漂移率大于折现率($\mu > r$)时,采购周期初的采购成本最低,制造商在采购周期初进行采购;价格漂移率小于折现率($\mu \leqslant r$)时,采购周期末的采购成本最低,制造商在采购周期末进行采购。数值分析中折现因子 $\delta = 0.9$,可得 $r = -\ln(0.9) = 0.1054$。$\mu(=0.1637) > r$,所以初始时刻的采购量 $q^*(0) = 50$,另外时刻采购量为 0。

把 3.1.3 节得到的风险规避下的最优采购策略与风险中性时的采购策略相比较(如图 3.7),两种采购策略明显不同。风险规避的采购方在采购周期内分批多次采购原材料以满足生产需求;而且随着风险规避度的增加,制造商每次的采购量倾向于平均。与风险中性下 bang-bang 采购策略相比较,把风险规避下的采购方式称为分散采购策略。

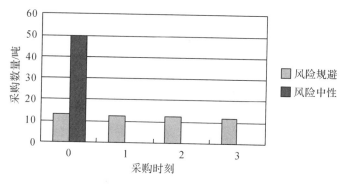

图 3.7 风险规避与风险中性下采购策略比较

3.1.5.2 采购成本的比较

进一步,对制造商采用两种不同策略下的采购成本进行比较。把表3.2各时刻的模拟价格与风险规避下相应的采购量相乘,再求和就可得到风险规避时制造商的采购成本。不同的价格模拟路径就会得到不同的总采购成本,表3.3给出了六种价格路径下的总采购成本($k=0.0001$)。而风险中性时制造商在初始时刻就购买全部所需原料,所以采购成本是$580×50=29000$(美元)。

表3.3 风险规避与风险中性下采购成本比较

采购策略	总采购成本(美元)					
路径	1	2	3	4	5	6
分散策略	28161	30048	30365	27510	28170	26341
bang-bang 策略	29000	29000	29000	29000	29000	29000
两者之差	−839	1048	1365	−1490	−830	−2659

从表3.3中可知两种策略的成本之差有正有负,采用分散策略并不能保证其总采购成本低于bang-bang策略下的总采购成本。但是,分散策略给制造商提供了很大的灵活性,使制造商可以根据需求或者现货价格对采购量进行合理地调整,降低了总体采购风险。分散策略的优势:当市场价格下降时,制造商以较低的价格购买原材料。如在最后一个价格模拟路径下成本为26341美元,比bang-bang策略低了2659美元。不利的是当市场价格上涨时,分散策略的采购成本相对较高,但多次分散采购的方式平均化了采购成本,不至于使成本上涨过高。

3.2 多个需求下的采购策略

上一节考虑了单一需求下的连续时间采购策略,这一节考虑决策者面临多个需求情形下的采购策略。

3.2.1 研究问题

一风险规避制造商在某一时期$[0,T]$内要购买原材料用于生产,采购期内t时刻面临的生产需求是$d(t)$(见图3.8)。采购周期内现货市场上价格不确定，t 时刻($0 \leqslant t \leqslant T$)原材料的价格为 $p(t)$。t 时刻制造商从现货市场购买的数量为 $q(t)$，但不允许向市场出售原材料 $q(t) \geqslant 0$，不考虑采购提前期。t 时刻原材料的库存水平为 $x(t)$，制造商可使用库存或者从现货市场购买来满足生产需求，不允许出现缺货的情况 $x(t) \geqslant 0$。

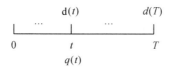

图 3.8　多个需求下的连续采购模型

采购决策者的目标是确定最优的原材料采购策略满足生产的需求，尽量降低采购的成本，使公司获得最大的利润。从采购初始时刻 0 到期末 T，采购者的总效用函数 $v(x(0))$ 是采购周期内各次采购效用之和，其定义在采购周期内现金流水平上：

$$\max: v(x(0)) = E\left[\int_0^T e^{-rt} u(l(t)) \, dt \right] \tag{3.10}$$

$$\text{s.t. } x'(t) = q(t) - d(t) \tag{3.10a}$$

$$q(t) \geqslant 0, x(t) \geqslant 0 \tag{3.10b}$$

$$x(0) = x_0, x(T) = 0 \tag{3.10c}$$

第一个约束条件(3.10a)表示库存水平的变化，采购数量 $q(t)$ 使库存量增加，生产需求 $d(t)$ 则消耗原料使库存量减少；约束条件(3.10c)表示初始时刻库存水平为 x_0，期末水平为 0，期末的库存量应为 0，使得采购成本最低。

折现率 r 表示未来效用的折现水平($r>0$)；$l(t)$ 为 t 时刻的现金流，$l(t) = -p(t)q(t)$，表示 t 时刻的采购支出。$u(l)$ 为采购决策者的效用函数，u 是满足单调递增的凹函数。式(3.10)表示了总期望效用等于采购周期$[0,T]$内采购者的效用之和，采购决策者的目标是使总期望效用水平最大化。

3.2.2　连续时间采购策略

把决策者总效用函数 $v(x)$ 的 Hamilton(汉密尔顿)现值函数记为 $H(q(t), x(t), m(t), t)$，相应的 Hamilton-Lagrange 函数记为 $L(q(t), x(t), m(t), t)$。Hamilton 现值函数等于 t 时刻期望效用加上辅助变量 $m(t)$ 与库存水平变化之积，相应的 Lagrange(拉格朗日)函数则再加上拉格朗日乘数 λ_1, λ_2 与约束条件之积。可表示为

$$H(q(t),x(t),m(t),t)=E[u(l)]+m(t)[q(t)-d(t)]$$

$$L(q(t),x(t),m(t),t)=H(q(t),x(t),m(t),t)+\lambda_1 q(t)+\lambda_2 x(t)$$

根据 Pontryagin 最优值原理得到最优解的一阶必要性条件控制方程：

$$\frac{\partial L}{\partial q(t)}=E[-p(t)u'(l)]+m(t)+\lambda_1(t) \tag{3.11}$$

辅助方程：
$$m'(t)=rm(t)-\frac{\partial L}{\partial x}=rm(t)-\lambda_2(t) \tag{3.12}$$

状态方程：
$$x'(t)=q(t)-d(t) \tag{3.13}$$

以及 Kuhn-Tucker(库恩塔克)条件

$$\lambda_1 q(t)=0,\lambda_1\geqslant 0,q(t)\geqslant 0 \tag{3.14}$$

$$\lambda_2 x(t)=0,\lambda_2\geqslant 0,x(t)\geqslant 0 \tag{3.15}$$

下面分四种情形讨论风险规避决策者的最优采购策略：

(1)$\lambda_1=0,\lambda_2=0$

由一阶必要条件(3.11)和(3.12)可得

$$E[p(t)u'(l)]=m(t) \tag{3.16}$$

$$m'(t)=rm(t) \tag{3.17}$$

$u'(l)$代表了决策者的边际效用，式(3.16)左边部分表示 t 时刻购买单位原材料效用变化的期望值。因为制造商是购买支出，所以效用是减小的，减小量是 $E[p(t)u'(l)]$。从式(3.17)可推出 $m(t)=c_1 e^{rt}$，其中 c_1 为常数，表示初始时刻使用单位库存的效用变化，$c_1 e^{rt}$ 表示 t 时刻使用单位库存的效用变化。

由式(3.16)与式(3.17)，可得到 $E[p(t)u'(l)]=c_1 e^{rt}$。这表明最优条件下 t 时刻购买单位原材料的效用变化期望值与使用单位库存的效用变化量相等。

再结合状态方程(3.13)以及边界条件可确定最优的采购策略 $q^*(t)$ 以及库存水平 $x^*(t)$。

当决策者效用函数 $u(l)$ 的形式与原材料价格 $p(t)$ 的运动形式不确定时，不能获得最优采购策略的解析形式。若效用函数 $u(l)$ 的形式与原材料价格 $p(t)$ 分别满足二次效用函数与几何布朗运动形式，可得到最优采购策略的解析结果。

$$q^*(t)=\frac{c_1 e^{rt}-E(p_t)}{kE(p_t^2)}=\frac{c_1 e^{rt}-p_0 e^{\mu t}}{kp_0^2 e^{(2\mu+\sigma^2 t)}} \tag{3.18}$$

$$x^*(t)=\frac{c_1}{kp_0^2(r-2\mu-\sigma^2)}\exp[(r-2\mu-\sigma^2)t]+$$

$$\frac{1}{kp_0(\mu+\sigma^2)}\exp[(-\mu-\sigma^2)t]+c_2 \tag{3.19}$$

其中，$c_1 = \dfrac{kp_0^2(r-2\mu-\sigma^2)}{\exp(rT-2\mu T-\sigma^2 T)-1}\left(AD - x_0 - \dfrac{\exp(-\mu T-\sigma^2 T)-1}{kp_0(\mu+\sigma^2)}\right)$

$c_2 = x_0 - \dfrac{1}{kp_0(\mu+\sigma^2)} - \dfrac{1}{\exp(rT-2\mu T-\sigma^2 T)-1} \times$

$\left(AD - x_0 - \dfrac{\exp(-\mu T-\sigma^2 T)-1}{kp_0(\mu+\sigma^2)}\right)$

$AD = \displaystyle\int_0^T d(t)\mathrm{d}t$ 表示了采购周期$[0,T]$内的累积生产需求，p_0 初始时刻原材料的价格。

(2)$\lambda_1 > 0, \lambda_2 = 0$

由必要条件(3.11)和(3.12)可得

$$E[p(t)u'(l)] = m(t) + \lambda_1 \tag{3.20}$$

$$m'(t) = rm(t) \tag{3.21}$$

由条件(3.14)可得最优的采购策略 $q^*(t) = 0$。

结合式(3.20)与(3.21)可得 $E[p(t)u'(l)] > c_1 \mathrm{e}^{rt}$。这表明 t 时刻购买单位原材料的效用变化期望值(效用的减小)大于使用单位库存的效用变化，在这种情形下，制造商不购买原材料而消耗现有的原材料库存来满足生产的需求。

(3)$\lambda_1 = 0, \lambda_2 > 0$

由必要条件(3.11)和(3.12)可得

$$E[p(t)u'(l)] = m(t) \tag{3.22}$$

$$m'(t) = rm(t) - \lambda_2(t) \tag{3.23}$$

由式(3.15)可得最优的库存水平 $x^*(t) = 0$，因此 $q^*(t) = d(t)$。

从式(3.23)可推出 $m(t) = -\mathrm{e}^{rt}\displaystyle\int^t \lambda_2(w)\mathrm{e}^{-rw}\mathrm{d}w + c_1\mathrm{e}^{rt}$，结合式(3.22)得到 $E[p(t)u'(l)] < c_1\mathrm{e}^{rt}$。这表明 t 时刻购买单位原材料的效用变化期望值(效用的减小)小于使用单位库存的效用变化，在这种情形下，制造商从市场上采购原材料满足生产的需求。

(4)$\lambda_1 > 0, \lambda_2 > 0$

由 Kuhn-Tucker 条件式(3.14)和(3.15)得到 $x^*(t) = 0, q^*(t) = 0$。

如果某时刻 t 库存水平与采购量均为 0，而且这时的生产需求量 $d(t) > 0$，那么此时会出现缺货的情况。这不满足约束条件，因此库存水平与采购量不能同时等于 0。也就是，第四种情形下无解。

从上面的四种不同情形的结果可以得到命题 1。决策者通过比较 t 时刻购买单位原材料的效用变化期望值(效用的减小)与使用单位库存的效用变化的大小,选择效用变化(效用减小)较少的方式来满足生产需求。

命题 1 多需求下最优采购策略

$E[p(t)u'(l)] < c_1 e^{rt}$ 时,$q^*(t) = d(t)$;

$E[p(t)u'(l)] > c_1 e^{rt}$ 时,$q^*(t) = 0$;

$E[p(t)u'(l)] = c_1 e^{rt}$ 时,$q^*(t)$ 由式(3.18)确定。

3.2.3 有限个需求下的最优采购策略

3.2.3.1 有限个需求下最优采购策略的数值分析

用数值方法分析制造商在面临有限个离散需求时的最优采购策略。

假设在整个周期内有 3 个需求,需求时刻分别为 t_1, t_2, t_3,时间间隔相等。t_1 时刻的生产需求 $d(t_1) = 15 + 5\varepsilon_1$,$t_2$ 时刻的生产需求 $d(t_2) = 15 + 5\varepsilon_2$,$t_3$ 时刻的生产需求 $d(t_3) = 30 + 5\varepsilon_3$,其中 $\varepsilon_1, \varepsilon_2, \varepsilon_3$ 是符合标准正态分布的随机变量。采购周期长度为 3 个月,初始库存 $x_0 = 0$,$k = 0.0001$,折现率 $r = 0.1054$。初始原材料价格 $p_0 = 580/$(美元/吨),价格年漂移率 $\mu = 0.1637$,年波动率 $\sigma = 0.3487$。

先根据 3.2.2 节情形一中式(3.18)和(3.19)计算 $q^*(t)$ 和 $x^*(t)$,如果 $q^*(t)$ 和 $x^*(t)$ 均大于 0,那么 $q^*(t)$ 和 $x^*(t)$ 就是最优的采购策略;否则,根据情形二或情形三的结果来调整采购策略。

根据式(3.18)和(3.19)计算 $q^*(t)$ 和 $x^*(t)$ 时,需要决定一个计算时刻 t_d。因为在周期内不允许出现缺货的情况,t_d 的选择要使得库存量满足制造商各个时刻生产的需求。比如,t_1 时刻生产需求为 d_1,t_2 时刻生产需求为 d_2。先把 t_1 代入式(3.18)和(3.19)计算采购量和库存水平,再把 t_2 代入式(3.18)和(3.19)计算采购量和库存水平,然后比较相同时刻下的两个库存水平的高低,t_d 取库存水平较高的时刻。类似地,再与 t_3 时刻进行比较最后确定计算时刻 t_d。

(1)t_0 到 t_1 时刻的最优策略

通过比较,t_0 时刻选择的计算时刻 t_d 为 t_3,t_0 到 t_d 的总需求为

$$AD(t_0) = d(t_1) + d(t_2) + d(t_3) = 60 + 5\varepsilon_1 + 5\varepsilon_2 + 5\varepsilon_3$$

依据式(3.18)和(3.19),初始阶段时刻 t_0 到时刻 t_1 制造商的最优库存策略

$$x^*(t) = -779.4\exp(-0.3436t) + 60.43\exp(-0.2853t) + 719.0, t_0 < t < t_1$$

所以在 t_1 时刻 $x^*(t_1)=20.58$。

如果在 t_1 时刻实际的原材料价格 $p_1=518.16$，生产需求 $d(t_1)=12.92$，那么制造商消耗使用 12.92 的库存后，剩余库存为 7.66（20.58−12.92）。

（2）t_1 到 t_2 时刻的最优策略

t_1 时刻选择的计算时刻 t_d 为 t_3，总需求 $AD(t_1)=d(t_2)+d(t_3)=45+5\varepsilon_2+5\varepsilon_3$。

代入式（3.18）和（3.19），时刻 t_1 到时刻 t_2 制造商的最优库存策略

$$x^*(t)=-727.3\exp[-0.3436(t-t_1)]+$$
$$67.64\exp[-0.2853(t-t_1)]+667.3, t_1<t<t_2$$

那么，在 t_2 时刻 $x^*(t_2)=26.60$。

若在 t_2 时刻实际的原材料价格 $p_2=582.47$，生产需求 $d(t_2)=18.73$，这时制造商的生产消耗 18.73 的库存，剩余库存为 7.87（26.60−18.73）。

（3）t_2 到 t_3 时刻的最优策略

t_2 时刻总需求 $AD(t_2)=d(t_3)=30+5\varepsilon_3$。

代入式（3.18）和（3.19），时刻 t_2 到时刻 t_3 制造商的最优库存策略

$$x^*(t)=-834.0\exp[-0.3436(t-t_2)]+$$
$$60.17\exp[-0.2853(t-t_2)]+781.7, t_2<t<t_3$$

那么，在 t_3 时刻 $x^*(t_3)=30.00$。

若在 t_3 时刻实际的 $p_3=613.99$，生产需求 $d(t_3)=28.07$，最后剩余库存量为 1.93（30.00−28.07）。

图 3.9(a)表示了制造商 t_3 时刻需求 $d(t_3)$ 较大情形下的采购过程，即上述数值分析过程；而图 3.9(b)中 $d(t_3)$ 较小，设 $d(t_3)=10+2\varepsilon_3$，其余的参数与 3.9(a)相同。图 3.9 表明初始时刻原材料库存水平为 0，随后制造商通过采购使库存水平上升。在第一个月、第二个月、第三个月月末库存水平均下降，因为在这些时刻生产需求消耗了部分原材料。

两种情形不同之处在于：$d(t_3)$ 较大时，制造商为第三个月提前储备原材料。在初始阶段（第一个月或第二个月）制造商的购买量相对较多。在第一个月末和第二个月末，原材料在供应生产后均有剩余，这些剩余库存为满足生产需求 $d(t_3)$ 提前储备。当生产需求 $d(t_3)$ 的期望值较大，制造商提前购买一些库存，以降低总采购成本的波动性。

$d(t_3)$ 较小的情形下，制造商没有为第三个月提前储备原材料。第一个月末的剩余库存大于 0，第一个月末原材料实际需求 12.92 小于预期需求 15.00 使得出现剩余库存。在第二个月末，原材料的剩余库存量为 0。

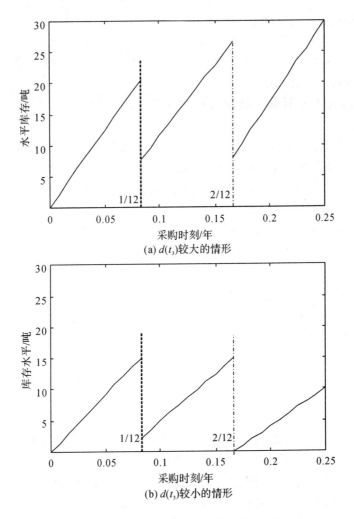

(a) $d(t_3)$ 较大的情形

(b) $d(t_3)$ 较小的情形

图 3.9 多需求下制造商的库存控制水平

3.2.3.2 采购成本比较

在确定了多个需求下风险规避制造商的最优采购策略后,把该策略下的采购成本与决策者为风险中性时进行比较,分析两种策略下成本的差异。风险规避制造商的采购总成本用各阶段采购量与相应阶段的平均价格之积的加总做近似,比如在上面数值分析的价格运动路径下总成本为

$20.58 \times (580.0 + 518.6)/2 + 18.94 \times (518.6 + 582.47)/2 + 20.2 \times$
$(582.47 + 613.99)/2 = 33816.0 (美元)$。

类似地,可以得到原材料价格其他模拟路径下的总采购成本,表 3.4 给出了 5 个不同价格路径下的总采购成本。

根据 3.1 节的结论,风险中性的制造商采用 bang-bang 采购策略。数值分析中价格年漂移率 μ 大于折现率 r,因此风险中性的制造商在初始时刻采购原材料,初始采购量等于 $E[d(t_1)+d(t_2)+d(t_3)]=60$ 吨,而实际总需求为 59.72 吨,制造商不需要再次采购,满足生产需求的总成本等于 34637.6 美元(580×59.72)。

表 3.4　多需求下采购成本比较

风险偏好	总采购成本/美元				
	路径 1	路径 2	路径 3	路径 4	路径 5
风险规避时	33816.0	28993.0	36102.9	35428.0	34065.0
风险中性时	34637.6	34637.6	34637.6	34637.6	34637.6
两者之差	−821.6	−5644.6	1465.3	790.4	−572.6

由表 3.4 可知风险规避时制造商的总采购成本并不是都低于风险中性下的总采购成本,路径 1、路径 2 及路径 5 下风险规避采购策略的总采购成本较低,而路径 3 与路径 4 下风险规避采购策略的总采购成本较高。

风险规避时制造商通过分散采购的方式,从而平均化采购成本。一般而言,风险规避的采购策略有较大的灵活性,制造商可以根据原材料价格走势以及生产需求情况对采购量进行调整。而风险中性的采购策略要么全部提前采购,要么全部在需要时购买,一旦价格出现不利变化这种采购方式往往会造成较大的损失。如导论中的案例:2016 年 12 月豆油价格一路走高,一家生产环保增塑剂的企业预判未来继续上涨,在月底连续订货,采购量达到 13000 吨远超平均每个月的采购量,公司囤货达到历史高位。但 2017 年 1 月豆油价格开始下滑,到 2017 年 3 月每吨豆油价为 5750 元。该事项导致公司在 2017 年第一季度出现巨亏。

3.3　本章小结

本章建立连续时间采购决策模型,研究制造商仅利用现货市场的最优采购策略。利用最优控制方法,得到了单一需求与多需求下风险规避制造商的最优采购策略,并分析了最优采购策略的性质。

当决策者具有二次效用函数、现货价格服从几何布朗运动时,得到单一需求下决策者最优库存控制水平的解析式。然后,研究离散时间采购下的近似最优采购决策,并用蒙特卡罗数值方法分析了生产需求、风险规避度、现货价格风险等因素对最优采购决策的影响。结果表明随着生产需求的增加,原材料最优采购量变大,但需求的波动不影响采购量;最优采购量与风险规避度关系由 $DC_i(t(i)$ 时刻采购成本在采购周期内相对高低水平)的符号决定;随着原材料价格波动率或漂移率的增加,制造商将增加初始采购量,减少后期采购量。

另外,分析了风险规避与风险中性时最优采购策略的区别,并比较了两种策略下采购成本的差别。仅利用现货市场时,风险规避决策者的最优策略是分散采购策略。分散采购的方式,使得总采购成本在多次采购之间平均化。

多需求下制造商的最优采购策略,取决于 t 时刻购买单位原材料效用的减小量与使用单位库存效用减少量的相对大小,决策者选择效用降低较少的方式来满足生产需求。接着,对三个时刻需求下的最优采购策略做数值分析。某次需求较大时,制造商为该次需求提前储备原材料;某次需求较小的情形下,制造商不为该次需求提前储备原材料。

4 单周期下混合采购策略研究

4.1 结合长期合约与现货市场的采购策略

在原材料价格波动环境下，一制造商从市场购买原材料用于加工，生产出成品向市场销售。为了满足生产的需求，制造商可预先与供应商签订长期供应合约，或在生产需要时直接通过现货市场购买原材料。制造商要制定一个最优采购策略来降低原材料的采购成本。

4.1.1 研究模型

因原材料市场存在价格风险，制造商根据自身的风险偏好组合长期合约与现货市场采购方式来减少采购风险。在周期初制造商制定一个采购策略：在初始时刻 0 与供应商签订供货合约，购买的数量为 q，单位采购价格为 c。在时点 1，制造商收到数量为 q 的原材料。若周期末的生产需求大于 q，不足部分从现货市场购买；若生产需求小于 q，剩余部分原材料可在现货市场销售。期末原材料市场需求为 D，不允许出现缺货的情况，因此该制造商以合约方式与现货方式购买总量为 D 的原材料，并生产出数量为 D 的最终产品（见图 4.1）。

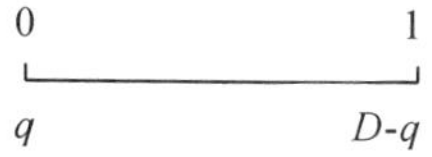

图 4.1 结合长期合约的采购模型

假设原材料现货价格是外生变量，供应商和制造商的交易份额占整个原材料市场总交易量很小是合理的；期末原材料现货价格 p 的期望值为 μ_s，标准差为 σ_s。最终产品的单位销售价为 r，r 大于相应消耗的原料成本，即

$r > \mu_s$。本章中用均值—方差效用来刻画决策者的风险规避性。

因此,在该周期里制造商的利润为

$$\pi(q) = rD - cq - p(D - q) \tag{4.1}$$

这里等式右边第一项为产品销售收入,第二项为合约购买费用,第三项为现货购买费用。$D - q$ 表示现货购买量:当 $D - q > 0$ 时制造商从现货市场购买原材料,当 $D - q < 0$ 时制造商向现货市场出售多余的原材料。

于是,由制造商的利润函数(4.1)可得利润的期望值和方差分别为

$$E[\pi(q)] = (r - \mu_s)D + (\mu_s - c)q$$

$$Var[\pi(q)] = (D - q)^2 \sigma_s^2$$

制造商的均值—方差效用(MV 效用)为

$$U(q) = E(\pi) - kVar(\pi) \quad \text{s. t.} \ q \geqslant 0 \tag{4.2}$$

其中 k 为制造商的风险回避因子,$k > 0$,k 越大风险回避程度越强。

最大化 MV 效用函数(4.2)可得

$$q^* = D + \frac{\mu_s - c}{2k\sigma_s^2} \tag{4.3}$$

因此,制造商在初始时刻 0 向供应商订购的数量为 q^*。因为制造商不能向供应商卖出原材料,若 $q^* < 0$ 时制造商的订购数量为 0。

4.1.2 最优订购数量敏感性分析

下面考察采购决策者的风险规避程度、期末现货价格期望值及期末现货价格波动等因素对最优订购数量的影响,并结合数值分析提供直观的说明。数值分析中的参数设定如下:$r = 20$,$D = 100$,$k = 0.005$,$\mu_s = 10$,$\sigma_s = 2.0$,$c = 12$。

4.1.2.1 k 的影响

命题 1 当 $\mu_s < c$ 时,最优订购量 q^* 随着决策者风险规避度的增加而增加;

当 $\mu_s = c$ 时,最优订购量 q^* 不受风险规避度的影响;

当 $\mu_s > c$ 时,最优订购量 q^* 随着风险规避度的增加而减少。

证明:从式(4.3)得到,q^* 与 k 的关系由 μ_s 与 c 间的大小决定,因此命题 1 成立。$\mu_s < c$ 说明预期现货采购成本小于合约订货成本,此时制造商的最优采购量小于期末生产需求量 D,不足部分通过现货市场补充。当 $\mu_s = c$ 时,最优采购量等于 D。当 $\mu_s > c$ 时,最优采购量大于 D,多余部分在现货市场卖出。

在上述参数设置下,图 4.2 表示在 $\mu_s < c (10 < 12)$ 情形下风险规避度对最

优订购量的影响,随着 k 的增加 q^* 逐渐增加但增加的速度变缓。现货市场的预期价格较低时,制造商订购数量 q^* 的原材料规避部分风险($q^*<D$),并从现货市场购买 $D-q^*$ 数量的原材料,两者的比例受到决策者风险规避度的影响。

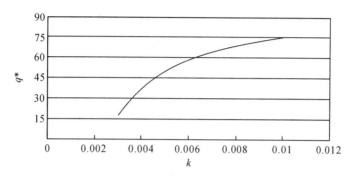

图 4.2 风险规避度对最优采购数量的影响

4.1.2.2 μ_s 的影响

命题 2 最优订购量 q^* 随着现货价格期望值的增加而增加。

证明:从式(4.3)易知命题 2 成立,且 q^* 与现货价格期望值 μ_s 表现出正线性相关性。从图 4.3 可得当 $\mu_s=12$ 时,也就是预期现货采购成本等于合约订货成本,最优订购量 q^* 等于期末生产需求量 $D(100)$;当 $\mu_s<12$ 时,最优订购量 q^* 小于 D,不足部分通过现货市场购买;当 $\mu_s>12$ 时,最优订购量 q^* 大于 D,多余部分通过现货市场出售。

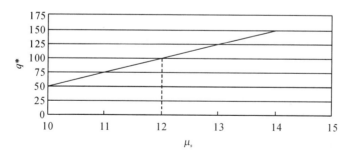

图 4.3 现货价格期望值对最优采购数量的影响

由此可见,若预期现货采购成本与合约订货成本不同,制造商会有利用现货市场进行投机的需求,希望通过现货市场的操作"低买高卖"获得一些收益,

这部分需求量为 $D-q^*$。制造商采用混合采购策略时,权衡合约市场与现货市场的采购量,实质上是决定自己的风险暴露程度。

4.1.2.3 σ_s 的影响

命题 3 当 $\mu_s<c$ 时,最优订购量 q^* 随着现货价格波动的增加而增加;

当 $\mu_s=c$ 时,最优订购量 q^* 不受现货价格波动的影响;

当 $\mu_s>c$ 时,最优订购量 q^* 随着现货价格波动的增加而减少。

证明同命题 1 的证明过程。

图 4.4 表示了 q^* 随着 σ_s 的增加而增加,但最优订购量增加的速度变慢。σ_s 的增加意味着现货市场价格的不确定风险变大,制造商会预订更多的原材料以规避现货价格风险,相应地制造商的投机需求 $D-q^*$ 则会变小。

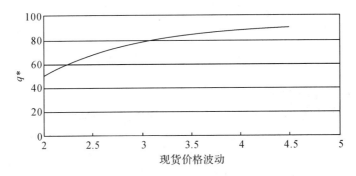

图 4.4　现货价格波动对最优采购数量的影响

4.1.3　不同采购模式的比较

在这部分比较期末原材料的现货价格实现值不同时(期望值 $\mu_s=10.0$,期末实现值 p 分别为 9.0、10.0、12.0、12.5、13.5),三种采购模式下制造商可获得的利润差异情况。三种采购模式为单一现货采购方式、单一合约采购方式以及混合采购模式。

在没有供应合约情形下,制造商完全通过现货市场采购原材料满足生产的需求,这时制造商的利润 $\pi_s=rD-pD$。另一种情形是制造商完全以合约方式采购原材料满足生产,这时制造商的利润 $\pi_c=rD-cD$。而混合采购模式下制造商的利润为式(4.1)的利润函数 $\pi(q)$。

表 4.1 不同采购模式的利润比较

期末价格 p	9.0	10.0	12.0	12.5	13.5
π_s	1100	1000	800	750	650
π_c	800	800	800	800	800
$\pi(q^*)$	950	900	800	775	725

注:表中 $q^*=50$。

表 4.1 表示了期末价格在不同实现值下,制造商利润的变化情况。从表中可以看出当采用单一合约方式时制造商的利润维持不变,始终是 800,因为制造商在期初就锁定了原材料成本;采用单一现货方式时制造商的利润变化较大(650→1100);采用混合采购方式时,利润变化较小(725→950)。若期末现货价格 $p=12.0$,现货价格实现值与合约价格相等,这时三种采购模式下的利润相等。当现货价格的实现值变化时,$\pi(q^*)$ 与 π_s 的变化方向相同,但 $\pi(q^*)$ 的变化程度较小。

因此,混合采购策略可看作两种单一采购策略的折中方式。若期末现货价格变化方向和预期一致,与合约采购方式相比,混合采购模式下的利润较高。比如 $p=9.0$,混合策略下的利润为 950,高于单一合约采购方式 800。若期末现货价格出现不利变化,与现货采购方式相比,混合采购模式下的利润下降较少。比如 $p=13.5$,混合策略下利润为 725,利润下降程度小于单一现货采购方式。

4.2　结合期权合约与现货市场的采购策略

与上一节相同,一风险规避的制造商在原材料价格波动环境下,需要从市场购买原材料用于生产。不同的是制造商可以与供应商签订期权合约而不是长期供应合约,并且制造商也可以在现货市场上购买原材料。

4.2.1　研究模型

采购周期的期初用时刻 0 表示,期末用时刻 1 表示(如图 4.5)。购买原材料有两种方式:一是提前从供应商处购买期权合约,二是直接从现货市场购买。期权合约采购的方式是:制造商在期初付给供应商一定的费用(期权费),制造商就获得权利在期末按照事先约定的价格(执行价格)购买一定数量的原材料。而现货购买是指在需要原材料当天直接从现货市场上购买。

图 4.5　结合期权合约的采购模型

在初始时刻,供应商制定原材料供应期权合约的价格参数 (s,g),其中 s 为单位期权费用,g 为时刻 1 的单位期权执行价格。为了规避原材料价格波动的风险,制造商在初始时向供应商购买数量为 Q 的期权合约,付出相应的预订费用 sQ。在时刻 1,当观察到原材料价格后,制造商确定执行期权合约的数量 q 以及现货市场的采购量 x 以满足生产需求。

假设期末原材料生产需求为 D,不允许出现缺货的情况,那么该制造商需要购买原材料的总量为 D。原材料现货价格是外生变量,期末原材料价格 p 的分布函数为 $F(p)$,密度函数为 $f(p)$,现货市场的期望价格为 μ_s。企业的最终产品的销售价为 r,r 大于相应消耗的原料成本,即 $r>\mu_s$。

4.2.1.1　期末时刻最优采购决策

由研究的模型和假设得,期末时刻 1 制造商的利润函数为

$$\pi_1(q,x)=rD-gq-px, \tag{4.4}$$
$$\text{s.t.} \quad q\leqslant Q$$
$$q+x=D$$
$$x,q\geqslant 0$$

其中利润函数(4.4)右边第一项为最终产品销售收入,第二项为期权执行费用,第三项为现货购买费用。第一个约束条件表示期权合约执行数量不大于期权购买量,第二个约束条件表示时刻 1 可用原材料数量必须满足需求。在时刻 1 期末现货价格已知,容易得到此时制造商的最优决策,可分为两种情况:

(1)当现货价格大于执行价格,即 $p>g$

使目标利润 $\pi_1(q,x)$ 最大,容易得到 $q^*=Q,x^*=D-Q$。也就是当原材料现货价格较高时,全部执行期权合约,其余部分从现货市场购买。

(2)当现货价格小于等于执行价格,即 $p\leqslant g$

得到 $q^*=0,x^*=D$。当现货市场价格较低时,放弃期权合约,所需原材料全部从现货市场购买。

情况一、二表明,通过购买期权合约,制造商能以现货价格与执行价格两者间较低的价格购买原材料,因而降低了采购的风险。

4.2.1.2　期初时刻最优采购决策

在周期初做采购决策时,期末现货价格具有不确定性,风险规避的制造商目标是:决定期权采购数量 Q 最大化自己的均值—方差效用(MV 效用)。时点 0 决策者的总利润为

$$\pi(q,x) = rD - sQ - gq^* - px^*$$

把时点 1 的最优采购量 q^* 和 x^* 代入上式,得到时点 0 制造商的期望利润

$$E(\pi) = rD - sQ - \mu_s D + Q\int_g^\infty (p-g)\mathrm{d}F(p) \tag{4.5}$$

式(4.5)中右边第二项为购买期权费用,第三项为从现货市场上采购所需原材料的期望成本,第四项为由于执行期权而获得的期望收益。该制造商利润的方差为

$$Var(\pi) = Q^2\Big[\int_g^\infty (P-g)^2\mathrm{d}F - \Big(\int_g^\infty (P-g)\mathrm{d}F\Big)^2\Big] +$$

$$2DQ\int_g^\infty (\mu_s - P)(P-g)\mathrm{d}F(P) + D^2\int_g^\infty P^2\mathrm{d}F(P) - (\mu_s D)^2$$

因此,时点 0 制造商的 MV 效用水平为

$$U(Q) = E(\pi) - kVar(\pi) \quad \text{s.t.} \ 0 \leqslant Q \leqslant D \tag{4.6}$$

其中 k 为制造商的风险回避因子,$k > 0$,k 越大风险回避程度越强。制造商购买期权合约数量大于等于 0,且订购的数量不大于生产需求 D。为了使得本节后面部分行文显得简洁,下文记 $H(g) = \int_g^\infty (P-g)\mathrm{d}F$,$J(g) = \int_g^\infty (\mu_s - P)(P-g)\mathrm{d}F$,$L(g) = \int_g^\infty (P-g)^2\mathrm{d}F$,$I(g) = \int_g^\infty P(P-g)\mathrm{d}F$。

命题 1　若 Q^* 在 $[0,D]$ 之间,制造商的期权购买数量为 Q^*;

若 Q^* 小于 0,制造商的期权购买数量为 0;

若 Q^* 大于 D,制造商的期权购买数量为 D。这里

$$Q^* = \frac{H(g) - s - 2DkJ(g)}{2k(L-H^2)}$$

证明:由制造商的 MV 效用函数(4.6)的一阶条件,

$$\frac{\partial U}{\partial Q} = \frac{\partial E(\pi)}{\partial Q} - k\frac{\partial Var(\pi)}{\partial Q} = 0,$$

得到 $H(g) - s - 2kQ^*(L-H^2) - 2kDJ(g) = 0$。

经过变换,可以得到制造商的最优期权采购数量

$$Q^* = \frac{H(g) - s - 2DkJ(g)}{2k(L-H^2)} \tag{4.7}$$

MV 效用函数 $U(Q)$ 的二阶导数为 $\dfrac{\partial^2 U}{\partial Q^2} = -2k(L - H^2)$。由柯西不等式可以得到 $L - H^2 = \displaystyle\int_g^\infty (P - g)^2 \mathrm{d}F - \left(\int_g^\infty (P - g)\mathrm{d}F \right)^2 > 0$。因此，$\dfrac{\partial^2 U}{\partial Q^2} = -2k(L - H^2) < 0$，MV 效用函数 $U(Q)$ 是关于 Q 的凹函数。根据凹函数性质，制造商的期权采购数量 $Q(s, g) = \begin{cases} 0, & Q^* < 0 \\ Q^*, & 0 \leqslant Q^* \leqslant D \\ D, & Q^* > D \end{cases}$。因此，命题 1 成立。

命题 1 说明制造商为了规避原材料价格波动的风险，愿意支付相应的期权费用购买一定数量的期权合约，从而将部分的价格风险转移给供应商。而最优的购买数量与原材料生产需求、期权价格参数及决策者的风险规避度等因素相关。

4.2.2 最优策略敏感性分析

这一节分析决策者风险规避程度、期权费以及执行价格对最优决策的影响，并通过数值实验提供直观的说明。实际中人们常用几何布朗运动来模拟价格的变化过程，因为几何布朗运动能刻画现货价格变化中的随机因素，并且能满足现货价格始终为正。现货价格服从几何布朗运动意味着价格服从对数正态分布，那么现货价格的密度函数 $f(p)$ 为 $f(p; \mu, \sigma) = \dfrac{1}{p\sigma\sqrt{2\pi}} \exp\left(\dfrac{-(\ln p - \mu)^2}{2\sigma^2} \right)$。数值分析中参数设置如下：$\mu = 2, \sigma = 1, D = 10, r = 20$，风险规避系数 $k = 0.001$。

命题 2 当 $H(g) < s$ 时，随着风险规避度 k 增加，最优期权购买数量 Q^* 变大；

$H(g) = s$ 时，风险规避度 k 不影响采购数量 Q^*；

$H(g) > s$ 时，风险规避度 k 增加，采购数量 Q^* 变小。

证明：从式 (4.7) 得到，$\dfrac{\partial Q^*}{\partial k} = \dfrac{-H(g) + s}{2k^2(L - H^2)}$。$L - H^2 > 0$，依据 $H(g)$ 和 s 的大小可确定 k 与 Q^* 之间关系，因此，命题 2 成立。

$H(g)$ 表示制造商因购买期权而获得的期望收益，s 是制造商购买期权付出的成本，或者从另一个角度说是供应商因承担部分价格风险而获得的风险补偿。当 $s = H(g)$ 时，最优期权购买数量 Q^* 与购买者的风险规避度 k 无关，因此 $H(g)$ 可以看作是期权费 s 的公平价格（或风险中性定价）。

$f(p)$是对数正态分布函数,可以得到 $H(g)$、$J(g)$ 与 $L(g)$的计算结果:

$$H(g) = \exp(\mu + \sigma^2/2)\Phi\left(\frac{\mu + \sigma^2 - \ln g}{\sigma}\right) - g\Phi\left(\frac{\mu - \ln g}{\sigma}\right)$$

其中 Φ 为标准正态累积分布函数;

$$I(g) = \exp(2\mu + 2\sigma^2)\Phi\left(\frac{\mu + 2\sigma^2 - \ln g}{\sigma}\right) - g\exp(\mu + \sigma^2/2)\Phi\left(\frac{\mu + \sigma^2 - \ln g}{\sigma}\right)$$

$$J(g) = \exp(\mu + \sigma^2/2)H(g) - I(g)$$

$$L(g) = I(g) - gH(g)$$

把参数值代入上述计算结果,再根据式(4.7)就能确定最优期权购买数量。

图 4.6 说明最优购买数量受到风险规避度 k 的影响,这里期权合约定价 $s=6.0$,$g=9.0$,是 $H(g) < s(H(g) = 5.81)$这种情况。最优购买数量 Q^* 随风险规避系数 k 的增大而增加,但增加的速度逐渐变慢,达到原材料需求量 $D=10$后保持不变。

供应商可把期权费 s 的价格定为高于公平价格,制造商仍会购买一定量的期权合约,这是因为风险规避的采购方需要利用合约来降低风险。但风险规避度小的制造商购买的期权合约数量较少,因为期权费高于公平价格时,相较于风险规避度大的制造商,风险规避度小的制造商更愿意承受价格不确定的风险。

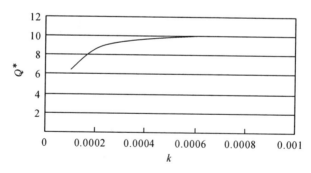

图 4.6　k 对购买数量 $Q^*(s,g)$的影响($s=6.0$,$g=9.0$)

命题 3　随着期权预订费 s 或期权执行价格 g 增加,制造商的最优期权采购数量 Q^* 减少。

证明:从式(4.7)得到,

$\dfrac{\partial Q^*}{\partial s} = \dfrac{-1}{2k(L - H^2)} < 0$。因此,随着期权预订费 s 增加,制造商的最优期

权采购数量 Q^* 减少。图 4.7 表示不同的执行价格 g 下最优期权采购数量受到期权费 s 的影响。s 较小时 Q^* 等于 10，当 s 到某一阈值后，Q^* 随 s 的增加而线性减少。

从式(4.7)推导出期权执行价格 g 对制造商最优购买数量 Q^* 影响的解析式较烦琐，通过下面的数值分析加以说明两者之间的关系。图 4.8 表示不同的期权费 s 下最优期权采购数量受到执行价格 g 的影响。可以看出购买数量 Q^* 随期权执行价格 g 的增加而减少，但两者之间并不是线性关系。

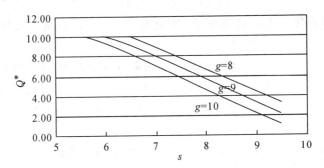

图 4.7　期权费 s 对购买数量 $Q^*(s,g)$ 的影响

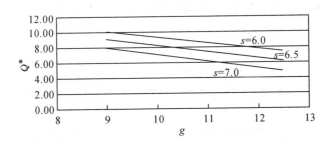

图 4.8　执行价格 g 对购买数量 $Q^*(s,g)$ 的影响

4.2.3　混合策略的效率分析

首先分析在不利用期权合约而仅通过现货采购时制造商的 MV 效用水平，然后把它与采用混合采购策略时的效用水平相比较，得到效用水平的变化率。在没有期权合约的情形下，制造商完全利用现货市场采购原材料来满足生产的需求，这时制造商的利润 $\pi_0 = rD - pD$，因此，制造商的期望利润 $E(\pi_0) = rD - \mu_s D$，MV 效用水平为 $U_0 = rD - \mu_s D - kD^2 Var(p)$。

从制造商角度,用 MV 效用水平的变化率来表示混合采购策略的有效性,记效用水平的变化率为 θ,

$$\theta = \frac{U(Q) - U_0}{U_0} \times 100\%$$

图 4.9 表示采用混合策略后的期望利润 $E(\pi)$ 与利用单一现货市场采购策略的利润 $E(\pi_0)$ 随着期权费 s 的变化情况,以及效率 θ 随着 s 的变化情况。可以看出采用混合策略后的期望利润 $E(\pi)$ 并不都高于利用现货市场采购策略的利润 $E(\pi_0)$,s 等于公平价格时两者相等,而当 s 较大时 $E(\pi)$ 要小于 $E(\pi_0)$。

但 θ 都大于 0,也就是采用混合策略后 MV 效用水平均有所提高,只是随着期权费用的增加提高的程度逐渐减小。这是因为制造商通过购买期权合约付出了一些成本导致期望利润出现下降;而好处是降低原材料价格波动对企业的影响,保持了利润的稳定性,有利于企业的正常运营。

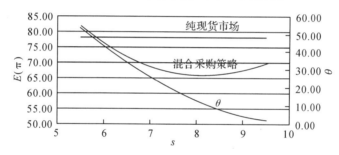

图 4.9 效率 θ 随 s 的变化($g=9.0$)

4.3 本章小结

原材料市场价格波动下,制造商可利用远期合约(长期合约)或期权合约从供应商处订购原材料,也可以在生产需要时从现货市场购买。购买的原材料用于加工生产出成品,再向市场出售。本章通过建立一个两时点的采购模型,研究一风险规避制造商的最优混合采购策略。模型中用均值—方差效用来刻画决策者的风险规避特征。

在 Seifert 等(2004)工作的基础上,4.1 节得到了制造商组合利用长期合约与现货方式采购时的最优混合策略。Seifert et al. (2004)在研究中仅考虑

$\mu_s \geqslant c$ 的情形,而本节考虑了 μ_s 与 c 大小不同的情形。最优订购数量要受到决策者的风险规避度、预期现货价格以及现货价格波动程度等因素的影响。并比较了不同采购模式下制造商利润的差异,通过采用混合采购方式规避了部分采购风险,利润的变化幅度比采用纯现货采购方式要小。

4.2 节得到混合采购策略的最优期权购买数量,并分析了风险规避程度、期权费以及执行价格对最优期权购买数量的影响,而 Ritchken 和 Tapiero (1986)的工作中没有分析风险规避度与期权定价对最优购买数量的影响。最优购买数量与决策者风险规避程度之间的关系受到期权定价影响。最后,通过比较说明采用混合采购策略后制造商的均值—方差效用水平得以提高。

5　金融工具存在下采购策略研究

本章研究当原材料相应的金融市场(期货市场或期权市场)存在时,制造商的采购风险管理策略。金融市场存在时制造商可利用期货或期权合约进行套期保值来降低采购风险;另外,期货市场也为供需双方确定采购价格提供了一个参考基准。

5.1　期货市场存在下的混合策略

一制造商在周期末时(时刻 1)需要一批原材料用于生产,周期末原材料现货价格 p_s 具有不确定性,期望值为 μ_s,标准差为 σ_s。期末的生产需求为 D,需求的均值为 μ_D。所需的原材料存在相应的期货市场以及存在供应商与制造商之间的长期合约市场(见图 5.1)。

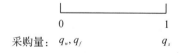

图 5.1　期货市场存在时的采购模型

为了降低现货价格波动对生产造成不利影响,制造商可在期初向供应商订购一定数量的原材料,或者在原材料期货市场进行交易,进行套期保值。采购周期末若原材料不能满足生产需求,制造商需从现货市场补货;若原材料采购数量超过生产需求,制造商可在现货市场出售多余的原材料。

5.1.1　期货市场存在下的采购模型

制造商采用混合采购策略(即结合运营方式——从供应商处采购或现货市场采购以及金融市场方式——购买期货合约),应对原材料价格波动的风险以及期末需求不确定的风险。期初 0 时刻原材料的库存量为 x_0,制造商从供应商处预定原材料数量为 q_w，预定价格为 w；在期货市场买入的合约数量为 q_f，执行价格为 K_f。采购周期末制造商在现货市场进行交易的数量 $q_s = D - x_0 - q_w$，在期货市场卖出合约数量 q_f 实现平仓。

采购周期内现金流情况用 l 表示，周期内现金流包括从供应商处购买原材料的现金支出 $l_w = -wq_w$，期货市场交易的现金流 $l_f = q_f(p_s - K_f)$，以及现货市场交易的现金流 $l_s = -p_s(D - x_0 - q_w)$。现金流小于 0 表示制造商现金支出，现金流大于 0 表示现金收入。

本章用期望效用模型（EUT）来刻画风险环境下决策者的决策行为。在采购周期内采购者的总效用函数用 $V(\ )$ 表示，其定义在经营周期内总现金流水平上

$$\max_{q_w, q_f} : V(q_w, q_f) = E[u(l)] = E[u(l_w + l_f + l_s)]$$

$$= E[u(-wq_w + q_f(p_s - K_f) - p_s(D - x_0 - q_w))]$$

$$\text{s. t. } q_w \geqslant 0, q_f \geqslant 0 \tag{5.1}$$

$u(l)$ 为采购决策者的效用函数，u 是单调递增的凹函数，说明决策者具有风险规避特征。周期末对原材料的需求大于期初的库存量（$D > x_0$），否则制造商就不需要采购任何原材料，不失一般性假设 $x_0 = 0$。采购决策者的目标是使总期望效用水平最大化。

命题 1 总效用函数 $V(q_w, q_f)$ 是关于 q_w, q_f 的凹函数。

证明：用 V_1, V_2 表示效用函数对 q_w, q_f 的一阶偏导数，V_{11}, V_{22}, V_{12} 表示二阶偏导数。

凹效用函数 $u'' \leqslant 0$，因此 $V_{11} = E[u''(l)(p_s - w)^2] \leqslant 0$。

同理 $V_{22} = E[u''(l)(p_s - K_f)^2] \leqslant 0$。

$$|Hesse(V)| = V_{11}V_{22} - V_{12}V_{21}$$

$$= E[u''(l)(p_s - w)^2]E[u''(l)(p_s - K_f)^2] - E[u''(l)(p_s - w)(p_s - K_f)]^2 \tag{5.2}$$

由柯西不等式可得式（5.2）大于等于 0，因此 $Hesse(V)$ 是半正定矩阵。于是，总效用函数 $V(\ )$ 是凹函数，命题 1 成立。

目标函数（5.1）对应的 Lagrange 方程为

$$L(q_w, q_f) = E[u(q_f(p_s - K_f) - p_s(D - q_w) - wq_w)] + \lambda_1 q_w + \lambda_2 q_f$$

其 Kuhn-Tucker 条件是：

$$\begin{cases} E[u'(l)(p_s-w)]+\lambda_1=0, \\ E[u'(l)(p_s-K_f)]+\lambda_2=0, \\ \lambda_1 q_w=0, \\ \lambda_2 q_f=0, \\ \lambda_1,\lambda_2 \geqslant 0 \end{cases} \qquad (5.3)$$

满足 Kuhn-Tucker 条件的式(5.3)的解 (q_w^*,q_f^*) 是总效用函数的最优解。

若采购决策者的效用函数是二次函数,可得到制造商最优采购策略的解析式。二次效用函数形式为 $u(l)=l-\frac{1}{2}kl^2$,其中 $k>0$,k 越大表示采购者的风险规避度越大。把二次效用函数带入式(5.3)可得最优的订购数量以及购买期货合约的数量,分三种情形。

记

$$q'=\frac{E(p_s-K_f)}{kE[(p_s-K_f)^2]}+\frac{\mu_D E[p_s(p_s-K_f)]}{E[(p_s-K_f)^2]} \qquad (5.4)$$

情形一 从供应商处预定的价格高于相应期货的执行价格,$w>K_f$

此时最优策略是 $q_w^*=0$;$q_f^*=\max(q',0)$

情形二 $w=K_f$

$$q_w^*+q_f^*=\max(q',0),q_w^*\geqslant 0,q_f^*\geqslant 0$$

情形三 $w<K_f$

$$q_w^*=\max\left(\frac{E(p_s-w)}{kE[(p_s-w)^2]}+\frac{\mu_D E[p_s(p_s-w)]}{E[(p_s-w)^2]},0\right);q_f^*=0$$

从以上三种不同的情形中可以看出,制造商比较从供应商处预定的价格与相应期货的执行价格之间的大小,然后决定如何采取最优的采购策略。若预订的价格较低,则从供应商处预订原材料以降低采购风险;若相应期货的价格较低,则通过购买期货合约实现套期保值;若两者的价格相等,可采用任一种方式。这意味着,期货市场为原材料定价提供了一个基准,供应商以此为基础为原材料供应合约定价。

5.1.2 期末生产需求对最优采购量的影响

三种情形下制造商的最优采购量的表达式形式上相同,因此下面以情形 1 为例分析不同因素包括期末生产需求、风险规避程度、现货价格风险等对最优采购策略的影响。根据式(5.4)分析最优策略随各因素的变化情况,并通过数值分析方法做直观的说明。除非另外具体说明,数值分析中的参数设置为 $\mu_D=50$ 单位,$K_f=560$ 元/单位,$w=565$ 元/单位,$\mu_s=565$ 元/单位,$\sigma_s=100$,$\sigma_d=10$,$k=0.001$。以下分析中递增或增加意味着随着自变量的增大,因变量增加或不变并非严格递增。

5.1.2.1　期末生产需求对最优采购量的影响

命题 2　最优采购量随生产需求 μ_D 的增加而递增,但与生产需求的波动无关。

证明:根据情形 1 的最优采购策略,当 $q'>0$ 时,$\dfrac{\partial q_f^*}{\partial \mu_D}=\dfrac{E[p_s(p_s-K_f)]}{E[(p_s-K_f)^2]}$。因为分母大于零,所以最优采购数量与生产需求的关系取决于 $E[p_s(p_s-K_f)]$ 的符号。

当 $E[p_s(p_s-K_f)]\geqslant 0$ 时,最优采购数量 q_f^* 随着生产需求 μ_D 的增加而增大;

当 $E[p_s(p_s-K_f)]<0$ 时,可推出 $E(p_s)<K_f$。由式(5.4)可得 $q'<0$,于是 $q_f^*=0$,保持不变。

图 5.2 表示了制造商的最优期货合约购买量随着期末生产需求的变化情况:随着生产需求的增加,最优购买量随之线性增加。制造商为了满足周期末的原材料生产需求,当生产需求增加时增加了最优合约购买量。二次效用函数下最优合约购买量与生产需求的期望值相关,但从式(5.4)可知最优合约购买量与生产需求的波动无关,因为制造商要匹配合约购买量与原材料生产需求,减少因两者不匹配而引起的利润波动风险。

因此,最优采购数量是生产需求 μ_D 的递增函数,与生产需求的波动无关,命题 2 成立。

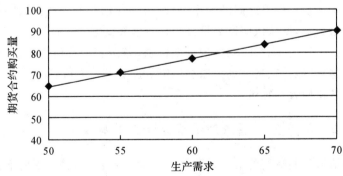

图 5.2　期末生产需求对最优采购量的影响

5.1.2.2　风险规避程度对最优采购量的影响

命题 3　当 $\mu_s > K_f$ 时,最优采购数量 q_f^* 随着风险规避度 k 的增加而减少;

当 $\mu_s = K_f$ 时,最优采购数量 q_f^* 与风险规避度 k 无关;

当 $\mu_s < K_f$ 时,最优采购数量 q_f^* 随着风险规避度 k 的增加而增大。

证明:由式(5.4)可得最优采购数量与风险规避度 k 的关系与 $E(p_s - K_f)$ 的符号有关,于是命题 3 成立。

图 5.3 表示了最优期货合约购买量随着制造商风险规避度的变化:$\mu_s > K_f$ 情形下,随着风险规避度 k 的增加,最优采购量逐渐减少最后趋近于某一常量。当原材料期望价格较高时,风险规避度小的采购商会购买较多数量的期货合约,期望未来获得差额收益($\mu_s - K_f$),这是决策者的投机动机引起的。随着风险规避度增加,采购商的投机需求会降低,因此减少期货合约购买数量。

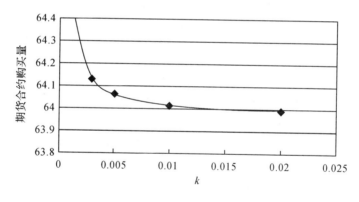

图 5.3　风险规避程度对最优采购量的影响

5.1.2.3　现货价格期望值对最优采购量的影响

图 5.4 表示了最优期货合约购买量受到现货价格期望值的影响:随着现货价格 μ_s 的增加,采购量逐渐增加。当现货价格 μ_s 等于合约价格(560)时,最优购买量等于生产需求的均值;当现货价格期望值较低时,最优购买量低于生产需求的均值,因为预期现货采购成本较低;当现货价格期望值较高时,最优购买量高于生产需求的均值,因为购买期货合约预期能带来差额收益。

5.1.2.4　现货价格波动对最优采购量的影响

命题 4　当 $\mu_s > K_f$ 时,最优采购数量 q_f^* 随着价格波动的增加而减少;

当 $\mu_s = K_f$ 时,最优采购数量 q_f^* 与价格波动无关;

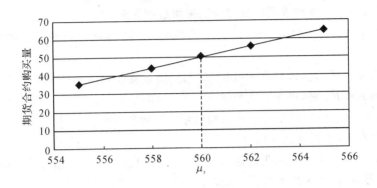

图 5.4　现货价格期望值对最优采购量的影响

当 $\mu_s < K_f$ 时,最优采购数量 q_f^* 随着价格波动的增加而增大。

证明:现货价格的波动增大意味着现货价格的方差 $Var(p_s)$ 增大,现分析方差 $Var(p_s)$ 对最优采购数量的影响。由式(5.4)可得,

$$q' = \frac{(\mu_s - K_f)/k + \mu_D(\mu_s K_f - K_f^2)}{E[(p_s - K_f)^2]} + \mu_D \tag{5.5}$$

$$= \frac{(\mu_s - K_f)/k + \mu_D K_f(\mu_s - K_f)}{Var(p_s) + \mu_s^2 + K_f^2 - 2\mu_s K_f} + \mu_D$$

式(5.5)第一项的分母大于零,所以最优采购数量与现货价格方差 $Var(p_s)$ 的关系取决于分子的符号。因此,得到命题 4。

图 5.5 表示了最优期货合约购买量受到现货价格波动的影响:$\mu_s > K_f$ 这种情形下,随着波动程度 σ_s 的增加,采购量逐渐减少。原材料期望现货价格较高时,最优合约购买量高于需求均值,因为这时购买期货合约预期有利可图。随着原材料现货价格波动的增加,价格较大幅度的下跌可能性增加。为了减少价格下跌引起的损失,制造商就会减少期货合约购买量,减少投机需求($q' - \mu_D$)。

由以上的敏感性分析得出,制造商的最优采购数量(从供应商处预订原材料的数量或在期货市场套期保值的数量)随着期末生产需求的均值增大而增加,但与其波动性无关。而最优采购数量与风险规避程度或现货价格波动性之间的关系,受到现货期望价格与期货价格(或预定价格)两者大小关系的影响。制造商在做采购决策时需要考虑这两者价格之间的关系,并结合生产需求、现货价格波动等情况以获得最优的采购策略。

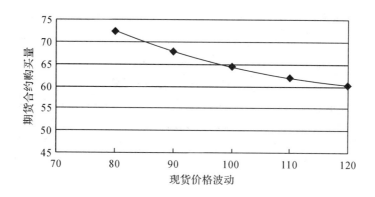

图 5.5　现货价格波动对最优采购量的影响

5.1.3　混合策略的效率分析

首先分析仅利用单一现货市场(单一采购策略)时制造商的效用水平,然后把它与采用混合采购策略时的效用水平相比较,得到效用水平的变化率。

制造商仅利用现货市场采购原材料来满足生产的需求时,制造商购买原材料的现金流 $l_0 = -p_s D$。因此,现金流的期望值 $E(l_0) = -\mu_s \mu_D$,制造商的期望效用水平 $EU_0 = -\mu_s \mu_D - \frac{1}{2} k E(p_s^2 D^2)$。

用效用水平的变化率来表示混合采购策略的效率,记效用水平的变化率为 θ,

$$\theta = \frac{V(q) - EU_0}{|EU_0|} \times 100\%$$

图 5.6 表示采用混合策略后的现金流期望值 $E(l)$ 与利用单一采购策略的现金流期望值 $E(l_0)$ 随着现货价格的变化情况。可以看出采用混合策略的现金流 $E(l)$ 变化幅度较小,现金流较平稳,而单一采购策略下的现金流 $E(l_0)$ 变化幅度大。若现货价格期望值等于 560(与合约价格相等),两种策略的购买成本相等均为 28000;若现货价格期望值大于 560,混合策略的预期购买成本较低;若现货价格期望值小于 560,单一策略的预期购买成本较低。

图 5.7 表示决策者效用水平以及效率 θ 随着现货价格的变化情况:采用混合策略后决策者的效用水平 $V(q)$ 均高于单一采购策略下的效用水平 U_0,θ 都大于零。说明制造商通过购买期货合约降低原材料价格波动对企业的影响,保持了利润的稳定性,有利于企业的生产运营。而且当现货价格期望值增

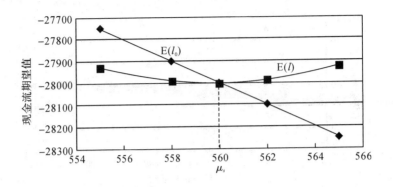

图 5.6　期望现金流对比

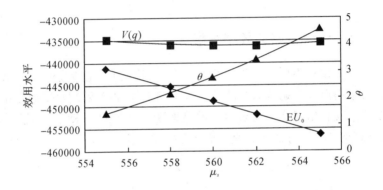

图 5.7　期望效用水平对比

加时 θ 也增加,混合策略的优势更明显。

5.2　长期合约的定价与最优套期保值比率

5.2.1　长期合约的定价

　　上一节的结果表明长期合约价格直接影响着制造商的采购决策。若所需的原材料存在对应的期货市场,制造商与供应商签订一份长期合约时,合约价格的确定往往会参考在期货市场上交易的期货价格。因为同一种商品的现货价格与期货价格之间存在着密切的关系,一般情形下现货价格与期货价格的走势相同。因此本节通过实证方法分析现货价格与期货价格间的关系,为制造商与供应商确定合约价格提供指导。

5.2.1.1　现货价格与期货价格关系

依据持有成本定价原理(cost of carrying pricing),期货价格和现货价格的价差等于持有该现货到期货到期日所需要的成本(包括融资成本、仓储费等)与便利收益(convenience yield)之和(Hull,2009)。如果市场满足无套利条件,则期货的一般定价公式为

$$F_t = S_t \exp[r(t,T) + w(t,T) - cy(t,T)] \tag{5.6}$$

其中 F_t 为 t 时刻的到期时刻为 T 的期货价格,S_t 为 t 时刻的现货价格,r 为市场无风险利率,w 为存储成本,cy 为便利收益。若在一定时间内无风险利率、单位时间存储成本与便利收益保持不变,三者之和记为 $c(t,T)$,$c(t,T)$ 仅与时间间隔有关。式(5.6)两边取对数可得

$$\ln(F_t) = \ln(S_t) + r(t,T) + w(t,T) - cy(t,T) = \ln(S_t) + c(t,T)$$

5.2.1.2　数据收集

伦敦金属交易所(LME)是世界上最大的有色金属交易所,LME 为人们提供了金属价格风险管理工具,LME 发布的现货价格与期货价格成为人们进行金属交易时定价的基准。因此,选择其作为实证研究的数据来源,有助于交易双方确定合理的价格。本节数据来自 LME 官方网站,选取 LME 发布的2011 年 1 月 1 日至 2011 年 9 月 30 日间金属铜的现货价格与 3 个月期货价格数据进行分析,除去节假日等休市的情形,样本共有 188 个观察值。

5.2.1.3　长期合约的定价模型

本节用回归分析法研究原材料现货价格与期货价格之间的均衡关系。经典时间序列分析和回归分析有许多假定前提,如序列的平稳性。但是,实证经验表明经济分析中的大多数经济时间序列是非平稳的。直接将非平稳时间序列当作平稳序列进行回归分析,可能会造成"伪回归"问题。因此,在利用回归分析讨论经济变量之间的关系之前,必须检验经济变量时间序列的平稳性(庞皓,2007;古扎拉蒂和波特,2011)。

(1)现货价格与期货价格序列的平稳性检验

平稳性检验最常用的方法是 ADF 检验(单位根检验)。时间序列数据为 $\{Y_t\}$,ADF 检验要对以下三类模型进行检验。

模型 1:无常数项,无趋势项的模型。

$$\Delta Y_t = \rho Y_{t-1} + \sum_{i=1}^{p} \Delta Y_{t-i} + \varepsilon_t$$

模型 2:有常数项,无趋势项的模型。

$$\Delta Y_t = \alpha + \rho Y_{t-1} + \sum_{i=1}^{p} \Delta Y_{t-i} + \varepsilon_t$$

模型 3:既有常数项,又有趋势项的模型。

$$\Delta Y_t = \alpha + \beta t + \rho Y_{t-1} + \sum_{i=1}^{p} \Delta Y_{t-i} + \varepsilon_t$$

模型中 ε_t 为随机扰动项,独立同分布(iid),且期望值为零,方差恒定。Δ 为一阶差分算子,模型中 α 是常数项,模型 3 中 βt 为趋势项。

ADF 检验的原假设 H_0:序列 $\{Y_t\}$ 非平稳,或 $\rho = 0$;

相应的备择假设 H_1:序列 $\{Y_t\}$ 平稳,或 $\rho < 0$。

若检验的统计量小于 ADF 检验临界值,则拒绝原假设 H_0,认为序列是平稳的;若检验的统计量大于 ADF 检验临界值,则接受原假设 H_0,认为序列是非平稳的。

对时间序列 $\ln F_t$ 和 $\ln S_t$ 进行 ADF 检验,结果如表 5.1 所示。检验统计量均大于 ADF 检验临界值,1% 显著性水平下 3 个模型均接受时间序列 $\ln F_t$ 和 $\ln S_t$ 存在单位根的原假设,认为时间序列 $\ln F_t$ 和 $\ln S_t$ 是不平稳的。

表 5.1 时间序列的 ADF 检验结果

模型	$\ln F_t$	$\ln S_t$	1% 显著性临界值
模型 3	-0.714951	-0.66185	-4.00788
模型 2	0.379414	0.448669	-3.46539
模型 1	-1.318957	-1.365961	-2.577387

经过 ADF 检验后,如果结果显示序列是平稳的,这时称时间序列为零阶单整序列,记为 $Y_t \sim I(0)$。如果序列是非平稳的,经过 d 阶差分后平稳,而 $d-1$ 阶差分不平稳,这时称时间序列为 d 阶单整序列,记为 $Y_t \sim I(d)$。

对时间序列 $\ln F_t$ 和 $\ln S_t$ 一阶差分后进行 ADF 检验,结果如表 5.2 所示。结果表明,3 个模型均拒绝差分序列 $\Delta \ln F_t$ 和 $\Delta \ln S_t$ 存在单位根的原假设,因此一阶差分序列是平稳的,也就是 $\ln F_t$ 和 $\ln S_t \sim I(1)$。

表 5.2 一阶差分序列的单位根检验结果

模型	$\Delta \ln F_t$	$\Delta \ln S_t$	1% 显著性临界值
模型 3	-13.48146	-13.53373	-4.00788
模型 2	-13.28805	-13.33708	-3.46539
模型 1	-13.22656	-13.26805	-2.57738

（2）现货价格与期货价格序列的协整检验

在实际中,有些序列自身的变化是非平稳的,但是序列与序列之间却有着密切的长期均衡关系。为了衡量序列之间是否具有长期均衡的关系,1987 年 Engle 和 Granger 建立了协整理论,并提出检验方法（Engle 和 Granger,1987）。协整的意思是指多个非平稳序列的某种线性组合是平稳的,协整概念的提出对于非平稳变量之间建立模型以及检验这些变量之间的长期均衡关系非常重要。

如果序列 $Y_{1t}, Y_{2t}, \cdots, Y_{nt}$ 都是 d 阶单整序列,即 $I(d)$;存在一个向量 $a = (a_1, a_2, \cdots, a_n)$,使得 $a_1 Y_{1t} + a_2 Y_{2t} + \cdots + a_n Y_{nt}$ 为 $(d-b)$ 阶单整,即 $I(d-b)$,则称序列 Y_t 是 (d,b) 阶协整的,记为 $Y_t \sim CI(d,b)$。

两变量协整关系的检验可用 EG 两步检验法。

第一步,如果变量 X_t 和 Y_t 都是 d 阶单整的,建立线性回归模型

$$Y_t = c + \beta X_t + \varepsilon_t$$

用最小二乘法得到回归模型系数的估计值 $\hat{c}, \hat{\beta}$,于是残差序列 $\hat{\varepsilon}_t = Y_t - (\hat{c} + \hat{\beta} X_t)$。

第二步,检验回归方程的残差序列是否是平稳的。如果残差序列是平稳的,那么表明 X_t 和 Y_t 序列间存在着协整关系,否则就不是协整的。

采用 EG 两步法对时间序列 $\ln F_t$ 和 $\ln S_t$ 进行协整检验（王燕,2008;武佩剑等,2008）。估计的回归模型为

$$\ln F_t = 0.988936 \times \ln S_t + 0.102250$$

检验回归残差序列的平稳性,在 1% 显著性水平下单位根检验统计值为 -12.38621,小于相应的临界值从而拒绝原假设,表明残差序列是平稳的。这说明期货价格的对数序列与现货价格的对数序列间存在协整关系 $CI(1,1)$,两者之间有长期均衡的关系存在。

（3）误差修正模型

原材料现货价格与期货价格序列间存在协整关系表明变量之间存在长期稳定的关系,而这种长期稳定关系是在短期的动态调整下实现的,短期的动态调整过程是一种误差修正机制。误差修正模型（ECM）可以对短期失衡部分做出修正,把变量间的长期行为特征和短期行为特征联系起来。

误差修正模型的一般形式:

$$\Delta Y_t = \alpha_0 + \sum_{i=0}^{l} \beta_i \Delta X_{t-i} + \sum_{i=0}^{l} \gamma_i \Delta Y_{t-i-1} + \lambda EC_{t-1} + \varepsilon_t$$

其中 EC_{t-1} 是上一期的误差,ΔX 和 ΔY 分别为解释变量和被解释变量差分项

的若干滞后期。

时间序列 $\ln F_t$ 和 $\ln S_t$ 误差修正模型的估计结果为

$$\Delta \ln F_t = 1.000366 \times \Delta \ln S_t - 0.318047 \times \Delta \ln F_{t-1}$$
$$+ 0.332509 \times \Delta \ln S_{t-1} - 0.244746 \times EC_{t-1}$$
$$t = (182.1525) \quad (-4.653424)$$
$$(4.831270) \quad (-4.354488)$$
$$R^2 = 0.994611 \quad DW = 2.121850$$

误差修正模型的拟合优度为 0.994611，DW 为 2.121850，说明残差序列不存在序列相关，且模型的拟合效果较好。误差项系数 -0.244746 体现了对前一期非均衡程度的修正。当 $\ln F_t > 0.988936 \times \ln S_t + 0.102250$ 时，误差修正项短期内通过降低期货价格起到修正作用，反之则会提高期货价格；系统存在这种负反馈机制使得期货价格与现货价格间形成长期均衡关系。

5.2.2 最优套期保值比率

当使用期货来对原材料进行套期保值时，由于期货的标的物、到期日等与被套期保值的商品不能完全匹配，很多情况下无法实现完美套期保值。因此，大多数情况下传统的 1∶1 套期保值的方式并不是最优的方式，而需要分析期现货价格的波动情况从而确定最优的套期保值比率（齐明亮，2004；彭红枫和叶永刚，2008）。

5.2.2.1 套期保值比率的定义

套期保值比率 h 定义为期货头寸对现货头寸的比率（郑振龙和陈蓉，2008；吴冲锋等，1998），也就是

$$h = \frac{期货头寸数量}{现货头寸数量}$$

某一包含 1 单位的现货多头头寸和 h 单位的期货空头头寸的组合，在某一时间段内价值变化用 $\Delta \Pi$ 表示。记 S_t 和 F_t 分别为 t 时刻现货和期货的价格，该套期保值组合的价值变化为

$$\Delta \Pi = \Delta S_t - h \Delta F_t = (S_t - S_{t-1}) - h(F_t - F_{t-1}) \tag{5.7}$$

ΔS_t 表示 1 单位现货头寸价值的变化，ΔF_t 是 1 单位期货头寸价值的变化。下面用最常见的最小方差法来估计最优套期比率，由式(5.7)可知组合的方差为

$$Var(\Delta \Pi) = Var(\Delta S_t) + h^2 Var(\Delta F_t) - 2hCov(\Delta S_t, \Delta F_t) \tag{5.8}$$

令式(5.8)对 h 的一阶导数为 0，可以得到最优套期保值比率

$$h^* = \frac{Cov(\Delta S_t, \Delta F_t)}{Var(\Delta F_t)} = \rho_{SF} \frac{\sigma_S}{\sigma_F}$$

其中 ρ_{SF} 是现货价格变化 ΔS_t 与期货价格变化 ΔF_t 之间的相关系数,σ_S 与 σ_F 分别为 ΔS_t 与 ΔF_t 的标准差。实际中人们常用以下方程来估计套期比率

$$RS_t = a + b \times RF_t + \varepsilon_t \tag{5.9}$$

其中 a 为常数项,b 为回归系数,ε_t 为模型残差项。$RS_t = \ln(S_t S_{t-1})$,$RF_t = \ln(F_t F_{t-1})$ 分别为 t 时刻铜的现货与期货对数收益率。得到回归系数 b 后,进而可知最优套期保值比率为

$$h^* = b \frac{S_0}{F_0} \tag{5.10}$$

5.2.2.2　数据来源

铜是重要的工业原料,铜期货是我国有色金属期货市场中最成熟的一个合约品种,其价格变化能及时反映商品的供求状况。本节采用铜期货数据和现货价格做最优套期保值比率的实证分析,铜期货价格采用上海金属期货交易所当月月度结算价,现货数据采用长江有色 1♯铜现货价。

商品期货合约在到期日要交割,交割后该合约便退出市场,该期货合约价格序列数据就终止了。因为用最近的期货合约进行套期保值的效果最好,通过以下方法构造期货价格连续时间序列:首先选择离当前日期所在月份最近的合约数据,当该合约到最后交易日后采用下一最临近合约的期货价格数据,如此往后滚动,可以得到一完整的期货价格序列。样本数据来源 CSMAR 商品期货数据库,时间从 2009 年 1 月 5 日到 2011 年 12 月 30 日,除去节假日后共得到 726 个样本观测值。

5.2.2.3　最优套期保值比率的确定

铜的长江现货价格与上交所期货价格的描述性统计结果见表 5.3。从表中可以看出 2009 年到 2011 年三年之间铜市场的价格变化幅度非常大,最高价格 75000.00 元/吨是最小价格 27100.00 元/吨的近 3 倍,金属铜的市场风险较大。

表 5.3　现货价格与期货价格描述性统计

价格	均值 /(元/吨)	最大值 /(元/吨)	最小值 /(元/吨)	标准差 /(元/吨)	样本数
现货价格	55922.87	75000.00	27100.00	12052.39	726
期货价格	55790.40	74830.00	26050.00	12189.12	726

表 5.4 和表 5.5 表示了价格时间序列与收益率时间序列的 ADF 检验的结果。假设套期保值的期限为 1 个月,构造收益率序列时的时间间隔与套期保值期限相等,间隔取 1 个月。可以看出 F_t 和 S_t 的 t 统计量均大于临界值,因此 1% 显著性水平下接受价格时间序列 F_t 和 S_t 存在单位根的原假设,认为时间序列 F_t 和 S_t 是不平稳的。而收益率时间序列 RF_t 和 RS_t 的 t 统计量均小于临界值,认为收益率时间序列是平稳的。

表 5.4　价格时间序列的 ADF 检验

S_t	F_t	1% 显著性临界值
-2.29	-2.40	-3.44

表 5.5　收益率时间序列的 ADF 检验

RS_t	RF_t	1% 显著性临界值
-5.06	-5.57	-3.63

因此利用收益率时间序列进行回归,由估计方程(5.9)得到估计结果如下

$$RS_t = 9.1 \times E - 5 + 0.9180 \times RF_t$$
$$t = (0.04634) \quad (34.02550)$$
$$R^2 = 0.97147 \quad DW = 1.69727$$

该模型的拟合优度为 0.97147,说明拟合效果较好。回归系数 $b = 0.9180$,其 t 值大于临界值,该值在 0.01 的显著性水平上是显著的。若当前铜现货价格与期货价格分别为 55350 元/吨、55460 元/吨,由式(5.10)可以得到间隔周期为 1 月的铜期货的最优套期保值比率 h^* 为 0.9140。这说明最优的套期保值比率与传统的 1 : 1 的保值策略是不同的,在实际中用期货进行套期保值时需要进行适当的调整。

5.3　期权市场存在下的混合策略

一风险规避制造商面临的采购问题同 5.1 节制造商面对的问题,不同的是所需原材料存在期权交易市场,而不是期货市场。制造商通过利用混合采购策略,即结合运营方式——从供应商处订购和现货市场采购以及金融市场方式——购买期权合约,来应对原材料价格波动的风险以及期末需求不确定的风险。

期初 0 时刻原材料的库存量 $x_0 = 0$，期初现货价格为 p_0。制造商从供应商处预定原材料数量为 q_w，在期权市场买入的合约数量为 q_o，单位数量的期权费为 s，执行价格为 K_o。

期末原材料现货价格为 p_s，生产需求为 D，需求的均值为 μ_D。采购周期末制造商收到 q_w 的原材料，在现货市场进行交易的数量是 $D - q_w$。在期权市场若 p_s 大于 K_o，执行期权合约；否则，放弃执行期权合约。采购周期内现金流情况用 l 表示，包括从供应商处购买原材料的现金流 $l_w = -w \times q_w$，在期权市场交易的现金流 $l_o = q_o(C - s)$，其中 $C = (p_s - K_o)^+$，以及在现货市场交易的现金流 $l_s = -p_s(D - q_w)$。

5.3.1　期权市场存在下的采购模型

在采购周期内采购者的总效用函数用 $V(\ )$ 表示，定义在采购周期内现金流水平上，采购决策者的目标是使总期望效用水平最大化。

$$\max : V(q_w, q_o) = E[u(l)] = E[u(l_w + l_o + l_s)] \tag{5.11}$$
$$= E\{u[-wq_w + q_o(C - s) - p_s(D - q_w)]\}$$
$$\text{s. t.} \quad q_w \geqslant 0, q_o \geqslant 0$$

u 是单调递增的凹效用函数，用 V_1, V_2 表示总效用函数对 q_w, q_o 的一阶偏导数。

式(5.11)对应的 Lagrange 方程是：

$$L(q_w, q_o) = E\{u[-wq_w + q_o(C - s) - p_s(D - q_w)]\} + \lambda_1 q_w + \lambda_2 q_o$$

其 Kuhn-Tucker 条件是

$$V_1 = E[u'(l)(p_s - w)] + \lambda_1 = 0 \tag{5.12}$$
$$V_2 = E[u'(l)(C - s)] + \lambda_2 = 0 \tag{5.13}$$
$$\lambda_1 q_w = 0, \lambda_2 q_o = 0 \tag{5.14}$$
$$\lambda_1, \lambda_2 \geqslant 0$$

满足 Kuhn-Tucker 条件的解 (q_w^*, q_o^*) 是总效用函数的最优解。制造商为了应对市场不确定的风险从供应商处预定原材料数量为 q_w^*，且在期权市场买入的合约数量为 q_o^*。

当采购决策者的效用函数是二次函数，可以得到风险规避制造商的最优采购策略的解析式。二次效用函数形式为 $u(l) = l - \frac{1}{2}kl^2$，其中 $k > 0$，k 越大表示采购者的风险规避度越大。

情形一 $\lambda_1=0,\lambda_2=0$

根据 Kuhn-Tucker 式(5.12)(5.13)可得：

$$E\{(p_s-w)[1+kp_sD-kq_w(p_s-w)-kq_o(C-s)]\}=0$$

$$E\{(C-s)\{1+kp_sD-kq_w(p_s-w)-kq_o(C-s)]\}=0$$

整理之后得到

$$q_w^*=\frac{E(p_s-w)E(C-s)^2-[E(C)-s]E[(p_s-w)(C-s)]}{k\{E(p_s-w)^2E(C-s)^2-[E(p_s-w)(C-s)]^2\}}$$

$$+\mu_D\frac{E[p_s(p_s-w)]E(C-s)^2-E[p_s(C-s)]E[(p_s-w)(C-s)]}{E(p_s-w)^2E(C-s)^2-[E(p_s-w)(C-s)]^2}$$

$$(5.15)$$

$$q_o^*=\frac{E(p_s-w)E[(p_s-w)(C-s)]-[E(C)-s]E(p_s-w)^2}{k\{[E(p_s-w)(C-s)]^2-E(p_s-w)^2E(C-s)^2\}}$$

$$+\mu_D\frac{E[p_s(p_s-w)]E[(p_s-w)(C-s)]-E[p_s(C-s)]E(p_s-w)^2}{[E(p_s-w)(C-s)]^2-E(p_s-w)^2E(C-s)^2}$$

$$(5.16)$$

同时要求 q_w^* 与 q_o^* 均大于等于零，否则这种情况不满足约束条件的要求。

情形二 $\lambda_1>0,\lambda_2=0$

由式(5.15)得出 q_w^* 等于零；

由式(5.16)得到

$$q_o^*=\frac{[E(C)-s]+k\mu_DE[p_s(C-s)]}{kE(C-s)^2}\qquad(5.17)$$

情形三 $\lambda_1=0,\lambda_2>0$

由式(5.16)得出 q_o^* 等于零；

由式(5.15)得到

$$q_w^*=\frac{E(p_s-w)+k\mu_DE[p_s(p_s-w)]}{kE(p_s-w)^2}\qquad(5.18)$$

情形四 $\lambda_1>0,\lambda_2>0$

由式(5.15)得出 q_w^* 与 q_o^* 均等于零。制造商既不从供应商处预订原材料，也不通过期权市场进行套期保值，制造商仅利用现货市场采购来满足生产需求。这种情况下，制造商面临市场波动的风险，若市场变化的方向与预期相反就会遭受很大的损失。因此，制造商的采购策略取决于市场条件满足上述哪一种情形，最优采购策略需要与市场情形相匹配。

5.3.2 最优采购策略敏感性分析

综合上述四种情形可分析最优策略随各因素的变化情况,下面考虑期末生产需求、风险规避程度、现货价格风险等因素对最优采购策略的影响。最优采购策略具体的表达式形式较为复杂,用蒙特卡罗数值模拟方法来说明各因素对最优采购策略的影响。在数值分析中假设原材料价格服从几何布朗运动,该采购周期内现货价格的漂移率为 0.015,波动率为 0.200。另外的参数设置如下:$\mu_D=50$ 单位,$w=560$ 元/单位,$s=48$ 元/单位,$K_0=550$ 元/单位,$p_0=550$ 元/单位,$\sigma_d=5$,$k=0.001$,$T=1$ 年。

5.3.2.1 期末生产需求的影响

图 5.8 表示了制造商向供应商预定的最优数量以及最优期权合约购买数量随着期末生产需求的变化情况。当期末生产需求增加时,最优预定数量与最优期权购买量均出现上升的趋势。因为制造商要预订更多原材料或购买期权来规避周期末因生产需求增加引起的原材料采购风险。

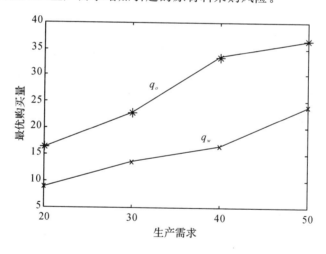

图 5.8 生产需求对最优采购策略的影响

5.3.2.2 风险规避度的影响

图 5.9 表示了向供应商预定的最优数量与最优期权购买量受到制造商风险规避度的影响。总体上,制造商偏好购买较多的期权合约,向供应商预订少量的原材料,因为期权合约使得制造商有机会获得差额收益($C-s$)。当制造商的风险规避度增加,向供应商预定的最优数量 q_w^* 增加,而最优期权购买量

q_o^* 减小。也就是制造商变得更为规避风险时,会增加长期合约采购数量,减少期权合约购买数量,从而稳定原材料采购成本,降低成本的波动性。

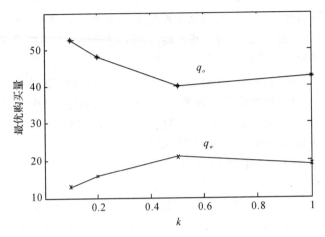

图 5.9 风险规避度对最优采购策略的影响

5.3.2.3 现货价格风险的影响

图 5.10 表示了最优购买量受到现货价格漂移率的影响:随着现货价格漂移率的增加,采购量 q_w^* 逐渐增加,期权购买量 q_o^* 减小。当价格漂移率较低时,期权购买量大于长期合约采购量;但是当价格漂移率较高时,长期合约采

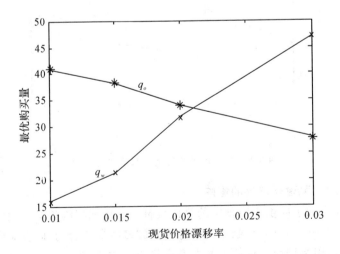

图 5.10 现货价格漂移率对最优采购策略的影响

购量超过期权购买量。

现货价格漂移率增加,意味着未来现货价格的期望值变大。因此,周期末现货价格低于长期合约价格 w 的可能性减少,制造商能以低于 w 的价格购买原材料的概率变小。而长期合约价格 w 小于期权的期权费与行权价格之和(560＜48＋550),长期合约采购成本较低。因此当现货价格的期望值变大时,制造商采用增加长期合约预定的数量并减少期权购买量的策略,有利于降低原材料的采购成本。

图 5.11 表示了最优购买量受到现货价格波动的影响:随着现货价格波动率的增加,采购量 q_w^* 减少,期权购买量 q_o^* 增加。当价格波动率较低时,长期合约采购量较高;当波动率超过 0.18 时,期权购买量会超过长期合约采购量。长期合约采购量从 40 左右逐渐下降到 0,而期权购买量从 0 增加到 80 以上。说明制造商的最优购买量对现货价格的波动比较敏感,价格波动的变化会导致采购策略明显的变化。

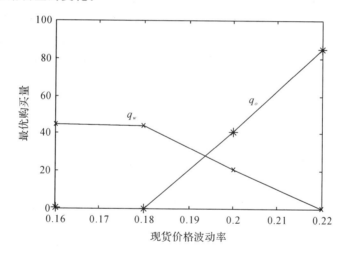

图 5.11　现货价格波动率对最优采购策略的影响

现货价格波动增加,制造商因购买期权合约而获得的期望收益 $E(C-s)$ 变大。因此,当制造商估计市场的波动增加时,倾向于利用期权合约来规避原材料的采购风险。因此,现货价格风险对长期合约采购量 q_w^* 与期权购买量 q_o^* 的影响是不同的,一方增加,另一方则会减少。

5.3.3   期货与期权市场同时存在时的混合策略

利用本章 5.1 节期货市场存在时的混合策略与本节期权市场存在时的混合策略的分析结果,可以得到期货与期权市场同时存在时的混合采购策略。

首先,选择购买方式是长期合约方式还是期货合约方式。由 5.1 节可知制造商经过比较从供应商处预定的长期合约价格与相应期货的执行价格之间的大小,决定是从供应商处预订原材料还是购买期货合约实现套期保值。若长期合约的价格较低,则从供应商处预订原材料;若相应期货的价格较低,则通过购买期货合约实现套期保值。

然后,结合上一步的选择结果与本节的研究结论以确定最优的混合采购策略。如果第一步选择了长期合约采购方式,那么最优采购策略与本节的结果完全相同。如果第一步选择了期货合约进行套期保值,那么用期货合约价格代替本节分析中长期合约价格,就得到相应的采购策略:期货购买数量与期权购买数量分别等于本节结果中的长期合约数量与期权购买数量。期货合约往往通过做一次相反方向的交易实现平仓,而不是通过实物交割形式实现平仓。因此,期货用对冲方式平仓时,现货购买量为 D,与本节期权市场存在下混合策略的现货采购量 $(D-q_w)$ 不同。

5.4   本章小结

本章研究当所需原材料相应的金融市场(期货市场或期权市场)存在时,风险规避制造商的最优采购策略。利用期望效用理论(EUT)建立制造商的风险决策模型,并得到二次效用函数下最优采购策略的解析解。

期货市场存在时,制造商的最优采购量(期货合约或向供应商预定数量)随着期末生产需求的增大而增加。最优采购量与风险规避度或现货价格波动性之间的关系受到现货期望价格与期货价格(或预定价格)两者大小关系的影响。另外,通过实证方法分析了原材料现货价格与期货价格间的均衡关系,以及不完美套期保值时的最优套期保值比率,为面临采购风险的决策者提供更好的理论指导。

期权市场存在时,制造商的最优采购量(期权合约或向供应商预定数量)也随着期末生产需求的增大而增加。期权购买量与预定数量受到风险规避度或现货价格波动影响的方向不同,一方增加,另一方则减少。最后讨论了期货和期权市场同时存在时制造商的最优混合策略。

6　多周期下混合采购策略研究

在第 4 章考虑了单个周期下原材料的混合采购策略，本章进一步研究多周期情形下的最优采购策略。多周期采购时前一期的采购量会影响到下一期的采购量，因此需从整体角度来决定最优的策略。

6.1　多周期情形下的采购策略

6.1.1　多周期采购问题

一风险规避的制造商在多个采购周期内需要购买原材料用于生产。未来周期的原材料价格和需求是不确定的，分别用 $p_t(\ )$ 和 $d_t(\ )$ 表示，随着时间的推移各周期的价格和需求依次变为已知。制造商可通过长期合约以及现货采购两种方式购买原材料，每次采购时在长期合约与现货市场之间进行权衡：长期合约灵活性较小，提前与供应商确定购买的价格与数量，有助于降低采购风险；而现货市场购买的灵活性较大，可及时补充不足的库存，但现货价格有不确定性风险。面对原材料的价格风险与需求风险时，制造商要决定各周期的最优采购量，使自己的效用最大化。

整个采购过程是有限的，分为 T 个周期，用 1 到 T 表示（如图 6.1 所示）。

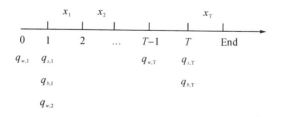

图 6.1　采购时间轴

在采购周期初 $t=0$ 时刻,第 1 期原材料价格 p_1 和生产需求 d_1 是未知的, $t=0$ 时刻制造商要决定从供应商处订购的原材料数量。到 $t=1$ 时刻,制造商观测到第 1 期原材料价格和生产需求,这时利用从供应商处以及现货市场购买的原材料满足生产需求。本节主要变量符号说明见表 6.1。

类似地,在 $t=1$ 时刻第 2 期原材料价格 p_2 和生产需求 d_2 是未知的,此时制造商制定第 2 期的采购策略。如此依次进行下去直到最后一个采购周期 T,在采购周期 $t(t<T)$ 时制造商不会向市场出售原材料,也就是 $t<T$ 时现货市场的采购量需大于等于 0。若有多余的库存则用于下一周期使用;若有部分需求不能满足,由于产品市场是竞争的,这部分需求就会失去。若在采购周期 T 时,原材料满足生产需求后还有剩余库存,制造商可以市场价格 p_T 出售给另外原材料需求者。

在时刻 $t(t=0,1,\cdots,T-1)$,制造商通过对历史数据的分析可知道未来原材料价格与需求的分布情况。用 G_t 表示 t 时刻的信息集,因此多周期采购模型下的信息集 G_t 可表示为

$$G_t=(G_{t-1},p_t,d_t),t=1,2,\cdots,T$$

表 6.1 符号说明

符号	含义
t	采购时刻
p_t	t 期原材料价格
d_t	t 期原材料生产需求
G_t	t 时刻信息集
x_t	t 期末原材料的库存水平
w	长期合约单位价格
b	单位缺货成本
$q_{w,t}$	t 期长期合约订购量
$q_{s,t}$	t 期现货采购量
$q_{b,t}$	t 期缺货量
$u(\ )$	决策者效用函数
$V(\ )$	价值函数(总效用函数)

假设原材料市场价格是外生的,也就是该制造商的生产需求不会影响原材料市场的价格。库存成本忽略不计,因为相对于原材料价格,库存成本很小。

　　单位原材料缺货成本 b 大于长期合约单位价格 w。例如当长期合约单位价格为 60 元,那么缺货成本 b 就要大于 60 元,b 可看作是制造商因原材料短缺而失去销售机会的机会成本。b 越大表明机会成本越高,b 无穷大时表示不允许出现缺货情况。

6.1.2　多周期最优采购策略

　　求解多周期的动态优化问题通常使用逆向动态规划方法,从最后一个周期开始,然后逆向递推到初始时刻。

6.1.2.1　最后周期 T 的采购策略

　　最后一个周期 T 时刻制造商的决策变量为 $q_{s,T}, q_{b,T}$,此时的总效用函数

$$V(x_{T-1}) = \max_{q_{s,T}, q_{b,T}} \{u(c_T)\} \tag{6.1}$$

$$\text{s. t. } c_T = -wq_{w,T} - p_T q_{s,T} - bq_{b,T} \tag{6.1a}$$

$$x_T = x_{T-1} + q_{w,T} + q_{s,T} + q_{b,T} - d_T \tag{6.1b}$$

$$0 \leqslant q_{b,T} \leqslant (d_T - x_{T-1} - q_{w,T})^+ \tag{6.1c}$$

　　$u(\ )$ 是递增的凹效用函数,表示决策者具有风险规避的特点,常见效用函数如二次效用函数、幂效用函数、对数效用函数等。效用函数 u 满足 $u' \geqslant 0$,$u'' \leqslant 0$。

　　式(6.1a)中 c_T 表示最后周期的总成本,等式右边第一项是长期合约采购成本,第二项是现货采购成本,第三项是缺货成本,总成本等于三者之和。式(6.1b)表示本期的库存水平,等于上期的库存量加上本期合约采购、现货采购以及缺货量再减去本期的生产需求。式(6.1c)表示缺货量的范围,缺货量不会大于生产需求超过库存量与合约采购量两者之和部分。

　　因为最后周期制造商可出售剩余的库存,最后周期库存量为零,即 $x_T = 0$,因此

$$q_{s,T} = d_T - x_{T-1} - q_{w,T} - q_{b,T} \tag{6.2}$$

　　在时刻 T 时,原材料的价格与需求已经可观测到,把式(6.2)代入式(6.1)的 $V(x_{T-1})$ 得到

$$V(x_{T-1}) = \max_{q_{b,T}} \{u[-wq_{w,T} - p_T(d_T - x_{T-1} - q_{w,T}) + q_{b,T}(p_T - b)]\}$$

$$\tag{6.3}$$

$$\text{s. t. } 0 \leqslant q_{b,T} \leqslant (d_T - x_{T-1} - q_{w,T})^+$$

$\partial^2 u(c_T)/\partial q_{b,T}^2 = (p_T - b)^2 u''(c_T) \leqslant 0$,效用函数 $u(\ )$ 是关于 $q_{b,T}$ 的凹函数。因此,最后周期决策者效用函数的最优解存在。

式(6.3)对应的 Lagrange 方程为

$$L(q_{s,T}, q_{b,T}) = u[-wq_{w,T} - p_T(d_T - x_{T-1} - q_{w,T}) + q_{b,T}(p_T - b)] +$$
$$\lambda_1[(d_T - x_{T-1} - q_{w,T})^+ - q_{b,T}] + \lambda_2 q_{b,T},$$

其 Kuhn-Tucker 条件是：

$$\begin{cases} u'(c_T)(p_T - b) + \lambda_2 - \lambda_1 = 0, \\ \lambda_1[(d_T - x_{T-1} - q_{w,T})^+ - q_{b,T}] = 0, \\ \lambda_2 q_{b,T} = 0, \lambda_1, \lambda_2 \geqslant 0 \end{cases} \qquad (6.4)$$

由 Kuhn-Tucker 条件可确定最后周期的最优缺货量,分为四种情况:

(1)$\lambda_1 = 0, \lambda_2 = 0$

由方程组(6.4)可知 $p_T = b$,此时最优解满足式(6.1c)与式(6.2)即可。

(2)$\lambda_1 > 0, \lambda_2 = 0$

由方程组(6.4)可得:$u'(c_T)(p_T - b) = \lambda_1 > 0$,$q_{s,T}^* = (d_T - x_{T-1} - q_{w,T})^+$。因此,$p_T > b$。

然后由式(6.2)得到 $q_{s,T}^* = (d_T - x_{T-1} - q_{w,T}) - (d_T - x_{T-1} - q_{w,T})^+ \leqslant 0$。

这种情形下 $p_T > b$,现货采购量小于等于零,缺货量大于等于零。也就是,当期末现货价格高于缺货成本时,制造商不会从现货市场购买原材料,而仅利用前一期的库存与本期的合约购买量用于生产,不足部分则缺货。

(3)$\lambda_1 = 0, \lambda_2 > 0$

由方程组(6.4)得:$p_T < b, q_{b,T}^* = 0$。由(6.2)得 $q_{s,T}^* = d_T - x_{T-1} - q_{w,T}$。说明若期末现货价格低于缺货成本时,缺货量为零,不会出现缺货的情形。

(4)$\lambda_1 > 0, \lambda_2 > 0$

方程组(6.4)不能同时满足,因此该情形下无解。

由上述四种情形可得最后周期的最优现货采购量 $q_{s,T}^*$ 与缺货量 $q_{b,T}^*$,即命题1。

命题1 最后周期的最优采购策略

$p_T > b$ 时,$q_{b,T}^* = (d_T - x_{T-1} - q_{w,T})^+$,

$q_{s,T}^* = (d_T - x_{T-1} - q_{w,T}) - (d_T - x_{T-1} - q_{w,T})^+$;

$p_T < b$ 时,$q_{b,T}^* = 0, q_{s,T}^* = d_T - x_{T-1} - q_{w,T}$;

$p_T = b$ 时,$0 \leqslant q_{b,T}^* \leqslant (d_T - x_{T-1} - q_{w,T})^+$,$q_{s,T}^* = d_T - x_{T-1} - q_{w,T} - q_{b,T}^*$。

得到最优现货采购量和缺货量后,接着就可以确定长期合约订购量。在决定长期合约订购量时,原材料的价格与需求是未知的,因此

$$V(q_{w,T}) = \max_{q_{w,T}}\left[\int_0^b u(c_{T1})\mathrm{d}F(p_T) + \int_b^\infty u(c_{T2})\mathrm{d}F(p_T)\right] \qquad (6.5)$$

其中，$c_{T1} = -p_T(d_T - x_{T-1}) + (p_T - w)q_{w,T}$，

$c_{T2} = -p_T(d_T - x_{T-1}) + (p_T - w)q_{w,T} + (p_T - b)(d_T - x_{T-1} - q_{w,T})^+$。

由式(6.5)的一阶条件可确定最优长期合约采购量 $q_{w,T}^*$，其一阶条件为

$$\int_0^b u'(c_{T1})(p_T - w)\mathrm{d}F(p_T) +$$

$$\int_b^\infty u'(c_{T2})(p_T - w - 1|_{\{d_T \geq x_{T-1} + q_{w,T}^*\}}(p_T - b))\mathrm{d}F(p_T) = 0 \quad (6.6)$$

6.1.2.2 采购周期 t 的最优策略

在确定了最后周期的采购策略后，下面考虑采购周期 $t(t<T)$ 的最优策略。采购时刻 t 的决策变量为 $q_{s,t}, q_{b,t}, q_{w,t+1}$，根据 Bellman(贝尔曼)最优化原理可得到 t 时刻的总效用函数

$$V(x_{t-1}) = \max_{q_{s,t}, q_{b,t}, q_{w,t+1}} \{u(c_t) + E[V(x_t)]\}, t = 1, 2, \cdots, T-1 \quad (6.7)$$

$$\text{s. t.} \quad c_t = -wq_{w,t} - p_t q_{s,t} - bq_{b,t}$$

$$x_t = x_{t-1} + q_{w,t} + q_{s,t} + q_{b,t} - d_t$$

$$x_t \geq 0, q_{s,t}, q_{b,t}, q_{w,t+1} \geq 0$$

式(6.7)表明总效用函数等于最大化当期效用函数与未来期望效用之和。

求解决策者的最优解的一般形式比较困难，因为最优解依赖于未来采购周期的原材料价格和生产需求状况。记 $U(x_{t-1}) = u(c_t) + E[V(x_t)]$，下面给出式(6.7)的目标函数及最优解的几个性质：

命题 2 $V(x_{t-1})$ 的目标函数 $U(x_{t-1})$ 是关于 $q_{s,t}, q_{b,t}, q_{w,t+1}$ 的凹函数。

证明：容易通过数学归纳法证明 $U(x_{t-1})$ 是关于 $q_{s,t}$ 的凹函数。

当 $t=T$ 时，从最后周期 T 最优策略的推导过程可知 $U(x_{T-1}) = u(c_T)$，因此 $U(x_{T-1})$ 是关于 $q_{s,T}$ 的凹函数。

现设 $U(x_t)$ 是关于 $q_{s,t}$ 的凹函数，$U(x_{t-1}) = u(c_t) + E[V(x_t)] = u(c_t) + \max E[U(x_t)]$。

$u(c_t)$ 是凹函数，因此，$U(x_{t-1})$ 也是关于 $q_{s,t}$ 的凹函数。

同理可得 $U(x_{t-1})$ 是关于 $q_{b,t}, q_{w,t+1}$ 的凹函数。这说明最优采购策略的采购数量和缺货量是有限的，并且可通过式(6.7)的一阶条件确定最优采购策略。

命题 3 t 时刻若可得的原材料小于生产需求，制造商使用成本较低的方式应对生产需求：现货价格低于缺货成本时，从现货市场补充原材料以满足市场需求；现货价格高于缺货成本时，放弃超出部分的市场需求。

证明：如果多周期采购模型中合约购买量 $q_{w,t}$ 是上一时刻确定的，用 $q_{w,t}^*$

表示最优的合约购买量,那么 t 时刻的效用函数(6.7)就为

$$V(x_{t-1}) = \max_{q_{s,t}, q_{b,t}} \{u(-wq_{w,t}^* - p_t q_{s,t} - bq_{b,t}) + E[V(x_t)]\}$$

与最后周期 T 时刻的推导过程类似,得到如下结果:

$p_t < b$ 时,$q_{b,t}^* = 0$;$p_t > b$ 时,$q_{s,t}^* = 0$。也就是如果 t 时刻原材料价格低于缺货成本,那么 t 时刻不会出现缺货的情况。如果 t 时刻原材料价格高于缺货成本,那么制造商不从现货市场采购原材料。

t 时刻制造商利用前一期剩余的库存与长期合约购买量用于生产,若可得的原材料小于生产需求,比较现货市场采购成本与缺货成本的高低,然后决定从现货市场补充原材料还是放弃部分的需求。

6.1.3 短视情形下的决策

在求解式(6.7)的动态规划问题时,首先从最后周期的决策问题开始,此时决策者面临的是单期静态问题。当决策者得到最后周期的最优策略后,就可以往前倒推一个时段求解出 $T-1$ 周期的最优策略。通过这种递推方法求出 $T-2$,$T-3$ 等周期的采购策略,最后得到 t=0 时刻的最优采购策略,其过程如表6.2。

表 6.2　逆向递推法

步骤	过程
1	确定最后周期效用函数 $u(c_T)$
2	求出 $q_{w,T}^*, q_{s,T}^*, q_{b,T}^*$
3	把第 2 步得到的解代入 $V(x_{T-2})$
4	求出 $T-1$ 期最优解 $q_{w,T-1}^*, q_{s,T-1}^*, q_{b,T-1}^*$
5	重复第 3 和第 4 步直到初始时刻 0

通过这种递推方法,我们可以得到最优的采购策略 $q_{w,t}^*, q_{s,t}^*, q_{b,t}^*$。一般情形下无法获得最优采购策略的解析形式,但在一些特定前提条件下可以得到解析形式。

当各周期的原材料生产需求期望值相等,且长期合约价格 w 保持不变时,各周期的期望采购成本相等。制造商不需要为了降低总采购成本而提早储备原材料,制造商的采购决策就只需要满足当前周期的生产需求。也就是,在这种情形下制造商的决策是短视的。下面以四周期的采购过程为例分析短视情形下的采购策略,效用函数 u 为二次效用函数,可得各周期的最优长期合

约订购量为

$$q_{w,t}^* = E(d_t) - x_{t-1} + \frac{E(p_t - w)}{kE(p_t - w)^2} \qquad (6.8)$$

初始时刻 0 时原材料现货价格 $E(p_1) = 61$ 元/单位,标准差 $\sigma_s = 20$;四个周期的实现值分别为 $p_1 = 62, p_2 = 56, p_3 = 62, p_4 = 65$,下一时刻的期望值等于当前现货价格。各周期的生产需求期望值 $\mu_d = 50$ 单位,标准差 $\sigma_d = 10$,四个周期的实现值分别为 $d_1 = 45, d_2 = 50, d_3 = 40, d_4 = 55$。长期合约价格 $w = 60$ 元/单位,缺货成本 $b = 90$ 元/单位,制造商的风险规避系数为 $k = 0.001$。表 6.3 比较了混合采购与单一现货市场采购两种方式下的四周期采购过程的成本差异。

表 6.3 短视情形下的四周期采购过程

周期	现货价格	生产需求	长期合约购买量 q_w	混合采购期末库存	混合采购时的采购成本	单一现货市场采购成本
1	62	45	59.98	14.98	3598.50	2790.00
2	56	50	50.38	15.35	3022.73	2800.00
3	62	40	5.04	0	1517.97	2480.00
4	65	55	69.80	0(14.80)	3225.99	3575.00
合计					11365.20	11645.00

上述四周期的采购过程的数值分析结果显示各周期的混合采购成本分别为 3598.50、3022.73、1517.97、3225.99,各成本并不相等,这主要是由生产需求的不确定性以及决策者期望以较低成本购买原材料的动机引起的。短视情形下制造商确定的合约采购量可能会高于生产需求,如第 1 期剩余原材料 14.98,第 2 期剩余 15.35,多余的原材料留到下一期使用;在采购周期末出现的剩余库存 14.80,则通过现货市场出售。总体上,混合采购策略的总采购成本低于单一现货市场采购的采购成本(11365.20 < 11645.00)。

6.2 两周期最优采购策略

在上一节多周期采购问题中无法得到一般情形下最优策略的解析形式,本节考虑一个简化情形。通过一个两周期的采购模型以获得最优采购策略的解析式,从而更好地刻画最优策略的性质。

6.2.1　两周期采购问题

以一轮胎公司为例,该企业分别在 3 个月和 6 个月后(下文中记为第一期、第二期,见图 6.2)各需一批橡胶用于加工,最终生产出轮胎销售给下游客户。企业对橡胶的需求与轮胎的产出成正比,决策者的任务是制定最优采购策略使采购量满足生产的需求,同时降低采购的成本,提高公司的利润水平。本节主要变量符号说明见表 6.4。

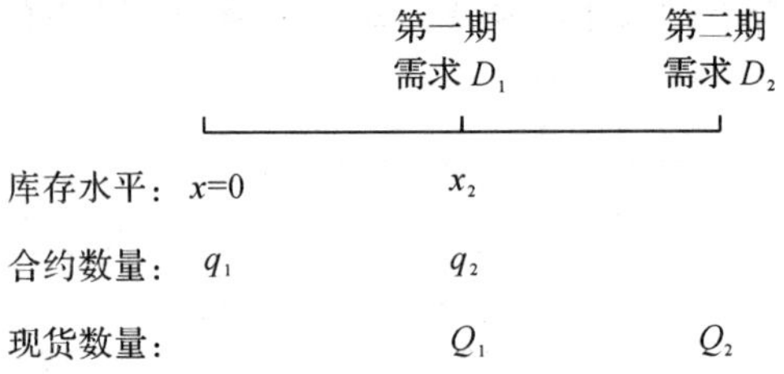

	第一期 需求 D_1	第二期 需求 D_2
库存水平:	$x=0$　　x_2	
合约数量:	q_1　　q_2	
现货数量:	Q_1	Q_2

图 6.2　两周期的采购模型

表 6.4　变量符号列表

符号	含义
x_1,x_2	第一第二期:期初原材料库存水平
q_1,q_2	第一第二期:期初原材料的合约订购数量
Q_1,Q_2	第一第二期:期末原材料的现货购买数量
D_1,D_2	第一第二期生产需求
c_1,c_2	第一第二期:期初原材料的合约订货价格
p_1,p_2	第一第二期:期末原材料的现货市场价格
μ_1,μ_2	第一第二期:期末现货价格的均值
σ_1,σ_2	第一第二期:期末现货价格的标准差
π_1,π_2	第一第二期企业的利润
k	决策者的风险规避系数($k>0$)
U_1,U_2	第一第二期决策者的效用水平
r	最终产品市场销售价格

轮胎公司可以从长期合约市场和现货市场买入所需的橡胶用于加工生产。第一期:期初橡胶的库存为 0,企业根据橡胶市场的走势,决定从供应商

处订购的数量。在第一期:期末,若从供应商处收到的橡胶不能满足生产的需求,则需从现货市场购买缺少的橡胶;如果收到的橡胶大于需求量,那么剩余的材料可以留到第二期使用。同时,与第一期:期初类似,企业要决定第二期的合约订购数量。第二期:期末,需从现货市场购买不足部分的橡胶或者在现货市场出售多余部分。

假设最终产品的销售价大于相应消耗的原料成本,即 $r > p_i, r > c_i, i = 1, 2$,第一期期初库存 x_1 等于 0,第二期期初库存 x_2 大于等于 0,第一期与第二期期末橡胶的采购总量须满足企业生产需求。现货市场价格是外生变量,由原材料市场自身决定。

6.2.2 制造商的最优采购策略

采用逆序法来求解企业的两周期采购模型,也就是先考虑第二期的采购策略使第二期效用最大化,得到第二期的最优合约和现货订购量。在此基础上考虑第一期的采购策略,最大化两期的总效用,得到相应的最优方案。

以最终产品的销售收入减原材料橡胶的成本作为利润,那么第二期的利润

$$\pi_2(x_2) = rD_2 - c_2 q_2 - p_2 Q_2$$

其中等式右边第一项为产品销售收入,第二项为长期合约购买费用,第三项为现货购买费用。

相应的第二期均值方差效用(MV 效用)函数

$$U_2(x_2) = E(\pi_2) - kVar(\pi_2)$$

k 为生产企业的风险回避因子,k 大于 0,k 越大表明企业越保守,越不希望承担风险。于是在第二期:期初理性的决策者就要决定订货策略 (q_2, Q_2) 最大化第二期的效用函数。也就是,

$$V_2(x_2) = \max_{q_2, Q_2} U_2(x_2) = \max_{q_2, Q_2} [E(\pi_2) - kVar(\pi_2)] \qquad (6.9)$$
$$\text{s. t.} \quad x_2 + q_2 + Q_2 = D_2$$
$$x_2, q_2 \geqslant 0$$

第一个约束条件表示第二期:期末可用原材料数量须满足需求。

第二期:期初原材料库存水平 x_2 为第一期采购总量与消费量之差,即 $x_2 = q_1 + Q_1 - D_1$。

类似的,该企业第一期的利润为 $\pi_1(x_1) = rD_1 - c_1 q_1 - p_1 Q_1$,对应的第一期均值方差效用为 $U_1(x_1) = E(\pi_1) - kVar(\pi_1)$。

第一期期初决策者要确定订购量(q_1, Q_1)，使两期效用加总最大化。

$$V_1(x_1) = \max_{q_1, Q_1}[U_1 + V_2(x_2)] = \max_{q_1, Q_1}[E(\pi_1) - kVar(\pi_1) + V_2(x_2)]$$

(6.10)

$$\text{s. t. } x_1 + q_1 + Q_1 \geqslant D_1$$

$$x_1 = 0, q_1, Q_1 \geqslant 0$$

6.2.2.1 第二期的最优采购策略

因为 $x_2 + q_2 + Q_2 = D_2$，

于是，$E(\pi_2) = E(rD_2 - c_2q_2 - p_2Q_2) = (r - \mu_2)D_2 + (\mu_2 - c_2)q_2 + \mu_2 x_2$

$$Var(\pi_2) = (Q_2)^2 Var(p_2) = (D_2 - x_2 - q_2)^2 \sigma_2^2$$

代入式(6.9)可得，

$$V_2(x_2) = \max_{q_2} U_2(x_2) = \max_{q_2}\left[(r - \mu_2)D_2 + (\mu_2 - c_2)q_2 + \right.$$

$$\left. \mu_2 x_2 - k(D_2 - x_2 - q_2)^2 \sigma_2^2\right]$$

命题1 $D_2 - x_2 + \dfrac{\mu_2 - c_2}{2k\sigma_2^2} \geqslant 0$ 时，第二期的最优长期合约订购量和现货采

购量分别为 $q_2^* = D_2 - x_2 + \dfrac{\mu_2 - c_2}{2k\sigma_2^2}, Q_2^* = \dfrac{c_2 - \mu_2}{2k\sigma_2^2}$；

$D_2 - x_2 + \dfrac{\mu_2 - c_2}{2k\sigma_2^2} < 0$ 时，第二期的长期合约订购量和现货采购量分别为

$q_2^* = 0, Q_2^* = D_2 - x_2$。

证明：第二期决策者效用函数

$U_2(q_2) = -k\sigma_2^2 q_2^2 + 2k\sigma_2^2(D_2 - x_2)q_2 + (\mu_2 - c_2)q_2 + (r - \mu_2)D_2 + \mu_2 x_2 - k\sigma_2^2(D - x_2)^2$。显然效用函数 U_2 是凹函数，存在最大值。因此我们可以得到以下两种情况：

(1)当 $D_2 - x_2 + \dfrac{\mu_2 - c_2}{2k\sigma_2^2} \geqslant 0$ 时，

$q_2^* = D_2 - x_2 + \dfrac{\mu_2 - c_2}{2k\sigma_2^2}$，这时 $Q_2^* = D_2 - x_2 - q_2^* = \dfrac{c_2 - \mu_2}{2k\sigma_2^2}$；

(2)当 $D_2 - x_2 + \dfrac{\mu_2 - c_2}{2k\sigma_2^2} < 0$ 时，

$q_2^* = 0$，这时 $Q_2^* = D_2 - x_2 - q_2^* = D_2 - x_2$。

因此，命题1成立。第一种情况下，第二期期初长期合约预订量大于0；第二种情况下，合约预订量为0。

推论1 合约订购量大于0的情形下，当 $\mu_2 > c_2$，第二期的最优合约订购

量随着风险规避度 k 的增大而减少；当 $\mu_2 = c_2$，第二期的最优合约订购量与风险规避度 k 无关；当 $\mu_2 < c_2$，第二期的最优合约订购量随着风险规避度 k 的增大而增加。

证明：根据命题1，第二期的最优合约订购量与风险规避程度 k 之间的关系取决于 $(\mu_2 - c_2)$ 的符号。因此，可以推导出推论1。

6.2.2.2 第一期的最优采购策略

在得到第二期的最优订货策略以后，就可以递推得到第一期的最优订货策略。

$$E(\pi_1) = E(rD_1 - c_1 q_1 - p_1 Q_1) = rD_1 - c_1 q_1 - \mu_1 Q_1$$
$$Var(\pi_1) = (Q_1)^2 Var(p_1) = Q_1^2 \sigma_1^2$$

代入第一期的最优指标(6.10)得

$$V_1(x_1) = \max_{q_1, Q_1}(rD_1 - c_1 q_1 - \mu_1 Q_1 - kQ_1^2 \sigma_1^2 + V_2) \tag{6.11}$$

第二期的最优采购策略分为两种情况，把第一种情况的最优决策量 (q_2^*, Q_2^*) 代入式(6.11)，整理后得到

$$V_1(x_1) = \max_{q_1, Q_1}\left[-(c_1 - c_2)q_1 - k\sigma_1^2 Q_1^2 - (\mu_1 - c_2)Q_1 + a \right] \tag{6.12}$$
$$\text{s. t. } q_1 + Q_1 \geqslant D_1$$
$$q_1, Q_1 \geqslant 0$$

其中 $a = (r - c_2)(D_1 + D_2) + \dfrac{(\mu_2 - c_2)^2}{4k\sigma_2^2}$

令总效用

$$z(q_1, Q_1) = -(c_1 - c_2)q_1 - k\sigma_1^2 Q_1^2 - (\mu_1 - c_2)Q_1 + a \tag{6.13}$$

第一期的最优决策就是使总效用 z 值最大。函数 z 的 Hesse 矩阵为

$$H(z) = \begin{bmatrix} -2k\sigma_1^2 & 0 \\ 0 & 0 \end{bmatrix}$$，该矩阵为半负定，因此 z 为凹函数存在最大值。

命题2 原材料长期合约市场上价格有下跌风险时，风险规避的制造商在第一期的采购总量（合约采购量与现货采购量之和）为：

当 $\mu_1 \geqslant c_2 - 2k\sigma_1^2 D_1$ 时，$q_1^* + Q_1^* = D_1$；

当 $\mu_1 < c_2 - 2k\sigma_1^2 D_1$ 时，$q_1^* + Q_1^* = \dfrac{c_2 - \mu_1}{2k\sigma_1^2}$。

证明：总效用函数(6.13)的 Lagrangian 函数为：

$$L(q_1, Q_1) = z(q_1, Q_1) + \lambda_1 q_1 + \lambda_2 Q_1$$

由上式，可以推导得到制造商的最优采购数量，记 $Q_1^i = \dfrac{c_1 - \mu_1}{2k\sigma_1^2}$。

(1) $\mu_1 \geqslant c_2 - 2k\sigma_1^2 D_1$

当 $\mu_1 \leqslant c_1 \leqslant \mu_1 + 2k\sigma_1^2 D_1$，决策者的最优订货策略 $(q_1^*, Q_1^*) = (D_1 - Q_1^*, Q_1^*)$；

当 $c_1 < \mu_1$，最优订货策略 $(q_1^*, Q_1^*) = (D_1, 0)$；

当 $c_1 > \mu_1 + 2k\sigma_1^2 D_1$，最优订货策略 $(q_1^*, Q_1^*) = (0, D_1)$。

(2) $\mu_1 < c_2 - 2k\sigma_1^2 D_1$

决策者的最优原材料订货策略为 $(q_1^*, Q_1^*) = \left(0, \dfrac{c_2 - \mu_1}{2k\sigma_1^2}\right)$。

基于上述两种情况，命题 2 成立。

推论 2 当原材料的采购合约价格下降 $(c_1 > c_2)$ 时，第一期的采购总量随着风险规避度 k 的增大而减少。

命题 3 原材料长期合约市场上价格有上涨风险时，风险规避的制造商在第一期的采购总量如下。

当 $\mu_1 > c_1$，或当 $\mu_1 \leqslant c_1$ 且 $(D_1 + D_2) + \dfrac{\mu_2 - c_1}{2k\sigma_2^2} - \dfrac{c_1 - \mu_1}{2k\sigma_1^2} \geqslant 0$ 时，第一期的

采购总量为 $\min\left[(D_1 + D_2) + \dfrac{\mu_2 - c_1}{2k\sigma_2^2}, D_1 + D_2 \right]$；

否则，第一期的采购总量为

$$\min\left[(D_1 + D_2)\dfrac{\sigma_2^2}{\sigma_1^2 + \sigma_2^2} + \dfrac{\mu_2 - \mu_1}{2k(\sigma_1^2 + \sigma_2^2)}, D_1 + D_2 \right]$$

证明：当长期合约市场上原材料的价格有上涨风险即 $c_1 < c_2$ 时，把命题 1 的第二种情况下的最优策略 $(q_2^*, Q_2^*) = (0, D_2 - x_2)$ 代入式 (6.11) 得

$$\begin{aligned}
V_1(x_1) = \max_{q_1, Q_1} \{ &-k\sigma_2^2 q_1^2 + [-c_1 + \mu_2 + 2k\sigma_2^2(D_1 + D_2)]q_1 + \\
&(-k\sigma_1^2 - k\sigma_2^2)Q_1^2 + [-\mu_1 + \mu_2 + 2k\sigma_2^2(D_1 + D_2)]Q_1 - \\
&2k\sigma_2^2 q_1 Q_1 + (r - \mu_2)(D_1 + D_2) - k\sigma_2^2(D_1 + D_2)^2 \}
\end{aligned} \tag{6.14}$$

式 (6.14) 的 Kuhn-Tucker 条件为：

$$-2k\sigma_2^2(q_1 + Q_1) + 2k\sigma_2^2(D_1 + D_2) - c_1 + \mu_2 + \lambda_1 = 0 \tag{6.15}$$

$$-2k(\sigma_1^2 + \sigma_2^2)Q_1 - 2k\sigma_2^2 q_1 + 2k\sigma_2^2(D_1 + D_2) - \mu_1 + \mu_2 + \lambda_2 = 0 \tag{6.16}$$

$$\lambda_1 q_1 = 0, \lambda_2 Q_1 = 0 \tag{6.17}$$

$$\lambda_1, \lambda_2 \geqslant 0$$

Kuhn-Tucker 条件的解是制造商的最优采购量，分四种情况讨论。

（I）$\lambda_1 = 0, \lambda_2 = 0$

从 Kuhn-Tucker 条件可以得到：

$$Q_1 = \dfrac{c_1 - \mu_1}{2k\sigma_1^2}, \quad q_1 = (D_1 + D_2) + \dfrac{\mu_2 - c_1}{2k\sigma_2^2} - \dfrac{c_1 - \mu_1}{2k\sigma_1^2}$$

（Ⅱ）$\lambda_1 = 0, \lambda_2 > 0$

从 Kuhn-Tucker 条件可以得到：

$$Q_1 = 0 ，q_1 = (D_1 + D_2) + \frac{\mu_2 - c_1}{2k\sigma_2^2}$$

（Ⅲ）$\lambda_1 > 0, \lambda_2 = 0$

从 Kuhn-Tucker 条件可以得到：

$$q_1 = 0 ，Q_1 = (D_1 + D_2)\frac{\sigma_2^2}{\sigma_1^2 + \sigma_2^2} + \frac{\mu_2 - \mu_1}{2k(\sigma_1^2 + \sigma_2^2)}$$

（Ⅳ）$\lambda_1 > 0, \lambda_2 > 0$

这种情况下无解。

基于上述四种情况,命题 3 成立。

推论 3　当原材料的采购合约价格上升($c_1 < c_2$)时,第一期的采购总量随着风险规避度 k 的增大而增加。

命题 4　在原材料长期合约市场上价格平稳情况下,第一期合约市场订购成本 c_1 等于第二期合约市场订购成本 c_2,决策者会采用短视的采购策略。

这时第一期的长期合约订购量与现货采购量分别为 $D_1 + \frac{\mu_1 - c_1}{2k\sigma_1^2}$ 和 $\left(\frac{c_1 - \mu_1}{2k\sigma_1^2}\right)^+$。

证明:当 $c_1 = c_2$ 时,原材料价格风险小,由式(6.11)可以推出决策者采购策略是短视的,也就是把一个两周期的采购过程当作两个相对独立的单周期采购过程。

那么,从第三章 3.1 节的单周期最优采购策略的结果可得

$$q^* = D_1 + \frac{\mu_1 - c_1}{2k\sigma_1^2} ，Q^* = \left(\frac{c_1 - \mu_1}{2k\sigma_1^2}\right)^+$$

此时,$x_2 = q^* + Q^* - D_1 = \frac{\mu_1 - c_1}{2k\sigma_1^2} + \left(\frac{c_1 - \mu_1}{2k\sigma_1^2}\right)^+ \geq 0$。

因此,命题 4 成立。

原材料市场价格波动时,由图 6.3 所示的过程可确定两周期最优的采购策略。

第一步,决策者先分析长期合约价格的走势。

第二步,根据市场价格走势决定第一期的采购策略。价格上涨时,采用命题 3 的策略;价格下跌时,采用命题 2 的策略;价格平稳时,采用命题 4 的策略。

(1) 分析价格走势　　(2) 第一期最优策略　　(3) 第二期最优策略

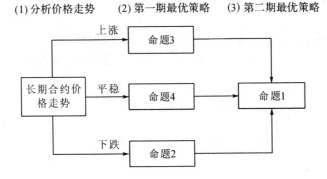

图 6.3　最优采购策略决定过程

第三步,在确定了第一期的决策后,第一期期末就能得到第二期期初的库存水平 x_2,x_2 等于第一期原材料采购总量与第一期原材料的消耗量两者之差。最后,根据命题 1 确定第二期的采购策略。

结合第一期与第二期的最优策略,最终可获得两周期问题的整体最优采购策略。

6.2.3　效用比较

得到利用长期合约市场与现货市场的两周期最优混合采购策略后,下面用数值方法比较该混合策略与单一采购策略(纯现货方式或纯合约方式)下制造商的效用水平的差异。

数值分析中的参数设定如下: $r=20$,$D_1=D_2=100$,$k=0.005$,长期合约价格下跌时 $c_1=10$,$c_2=8$,$\mu_1=9$,$\mu_2=7$,$\sigma_1=3$,$\sigma_2=3.5$;长期合约价格上涨时 $c_1=10$,$c_2=13$,$\mu_1=9$,$\mu_2=12$,$\sigma_1=3$,$\sigma_2=3.5$。

6.2.3.1　纯现货方式

纯现货方式指制造商仅通过现货市场购买原材料用于加工生产。这时, $q_i=0$,$i=1,2$。

原材料长期合约价格下跌时,制造商的采购策略为 $Q_1=D_1$,$Q_2=D_2$。那么,第一期的期望利润 $E(\pi_1)=(r-\mu_1)D_1$,方差 $Var(\pi_1)=D_1^2\sigma_1^2$;第一期的采购量刚好用于生产,因此第二期期初原材料库存等于 0,第二期的期望利润 $E(\pi_2)=(r-\mu_2)D_2$,方差 $Var(\pi_2)=D_2^2\sigma_2^2$。

原材料长期合约价格上涨时,制造商的采购策略为 $Q_1=D_1+D_2$,$Q_2=0$。那么,第一期的期望利润 $E(\pi_1)=rD_1-\mu_1(D_1+D_2)$,方差 $Var(\pi_1)=$

$(D_1+D_2)^2\sigma_1^2$；第二期期初原材料库存等于 D_2，第二期的期望利润 $E(\pi_2)=rD_2$，方差 $Var(\pi_2)=0$。

6.2.3.2 纯合约方式

纯合约方式指制造商仅通过长期合约市场购买原材料以满足生产需求。这时，$Q_i=0,i=1,2$。

长期合约市场价格走势影响 q_1，价格下跌（$c_1>c_2$）时，第一期合约订购量 $q_1=D_1$，第一期的利润 $E(\pi_1)=rD_1-c_1D_1$，方差为 0；第二期期初原材料库存为 0，第一期订购量 $q_2=D_2$，第二期的利润 $E(\pi_2)=rD_2-c_2D_2$，方差为 0。

价格上涨时，第一期最优合约订购量 $q_1=D_1+D_2$，第一期订购量 $q_2=0$。因此，第一期的利润 $E(\pi_1)=rD_1-c_1(D_1+D_2)$，方差为 0；第二期期初原材料库存为 D_2，第二期的利润 $E(\pi_2)=rD_2$，方差为 0。

6.2.3.3 混合采购策略

长期合约价格有下跌风险时，结合命题 2 与命题 1 可得到混合采购策略，进而确定总体利润与方差。

长期合约价格有上涨风险时，结合命题 3 与命题 1 可得到混合采购策略，进而确定总体利润与方差。

把设定的参数值代入上述三种策略下的结论，可以得到原材料长期合约价格下跌与上涨时，制造商采用三种不同策略下的效用水平差异。

当原材料长期合约的价格下跌时，从表 6.5 中看出：三种采购方式相比，制造商仅通过现货市场购买原材料的两期总期望利润最大为 2400，但利润的波动也最大，为 212500，导致总效用是三者中最小的。单一合约方式采购时利润为 2200，制造商通过事先与供应商签订合约避免了原材料价格波动风险。混合采购策略是前两种方式的权衡，总利润与总方差均介于前两者之间。采用混合采购策略时，制造商的总 MV 效用是三种采购方式中最大的，比纯合约方式高约 0.5%，比纯现货采购方式高约 65.2%。

表 6.5 合约价格下跌时效用对比

采购方式	总利润	总方差	总 MV 效用
纯现货方式	2400	212500	1337.5
纯合约方式	2200	0	2200.0
混合采购策略	2219.27	1927.44	2209.6

表 6.6　合约价格上涨时效用对比

采购方式	总利润	总方差	总 MV 效用
纯现货方式	2200	360000	400.0
纯合约方式	2000	0	2000.0
混合采购策略	2043.76	4376.42	2021.9

　　与原材料长期合约的价格下跌的情况类似,原材料长期合约的价格上涨时,三种采购方式相比,制造商通过纯现货市场购买原材料的两周期总期望利润最大为 2200,利润的波动程度也最大,导致其总效用是三者中最小的。而利用混合采购策略时,制造商的总效用是三种采购方式中最大的(见表 6.6)。

　　不管市场价格是上涨还是下跌,采用混合策略时制造商的总效用是最大的。单一合约采购方式的效用略低,与混合策略时的差距很小。纯现货市场采购时,期望利润往往是最大的,但这种方式的利润不确定性很大,甚至可能会出现亏损的情况,这对企业正常的运营造成不利影响。因此对制造商来说,采用纯现货方式采购有较大风险,不建议采用这种方式;最优的策略是混合市场采购方式,而单一合约采购方式也可接受。

6.3　本章小结

　　本章研究多周期情形下风险规避制造商的最优采购策略,制造商可通过长期合约市场与现货市场购买所需的原材料。多周期采购时前一期的决策会影响到后一期的决策,运用动态规划方法,获得了多周期的最优采购策略。

　　6.1 节建立一个多周期采购模型,考查了多周期最优采购策略的性质,但一般情形下无法得到最优策略的解析式。接着,用数值方法分析了短视情形下的最优混合采购策略,结果表明混合采购策略的总采购成本低于单一现货市场采购的采购成本。

　　6.2 节考虑了多周期采购问题的简化情形——两周期采购问题,结果表明原材料合约市场价格出现不同的走势情况下,决策者制定的最优采购策略是不同的,并给出两周期最优采购策略的解析式。当原材料的合约采购价格下降($c_1 > c_2$)时,第一期的采购总量随着风险规避度 k 的增大而减少。当原材料的合约采购价格上升($c_1 < c_2$)时,第一期的采购总量随着风险规避度 k 的增大而增加。第二期的最优合约订购量与风险规避度 k 之间的关系取决于

$(\mu_2 - c_2)$的符号。最后,比较三种不同采购方式下制造商效用水平的差别:采用混合采购策略的总效用最高,纯合约采购方式的效用次之,而现货采购时的效用水平最低。

7 研究总结与展望

7.1 研究总结

  原材料市场价格的波动会对制造企业的生产经营造成不利的影响,本书研究不确定环境下制造商的原材料采购问题。面临原材料市场价格波动时,风险规避的决策者要制定最优的采购策略,以控制原材料采购风险,提高企业的竞争力。

  在总结现有采购风险管理相关研究的基础上,依据待采购原材料是否存在采购合约以及相应的金融工具,建立一个含四种采购情景的框架(图 7.1),并研究了各情景下采购者的最优采购策略。

  先研究制造商仅通过现货市场交易下的采购问题。接着,研究了单周期的采购问题,研究中运用均值—方差效用与期望效用理论来刻画决策者的风险规避行为,并用风险管理理论分析市场价格波动下决策者的混合采购策略与套期保值策略。然后,讨论了多周期下的最优采购策略。

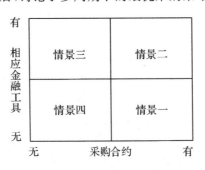

图 7.1 采购情景框架

  本书主要的研究结论为:

（1）采购合约与金融工具都不存在时，制造商仅通过现货市场进行交易以满足生产需求（情景四）。当决策者具有二次效用函数、现货价格服从几何布朗运动时，得到单一需求下的最优库存控制水平。然后考查了离散时间采购下近似最优策略的性质：随着生产需求的增加，原材料最优采购量变大，但需求的波动不影响采购量；最优采购量与风险规避度关系由 $DC_i(t(i)$时刻采购成本在采购周期内相对高低水平)的符号决定；随着原材料价格波动率或漂移率的增加，制造商将增加初始采购量，减少后期采购量。另外，研究结果表明风险中性的决策者会采用 bang-bang 采购策略，而风险规避的决策者采用分散采购策略。

多需求下决策者通过比较 t 时刻购买单位原材料的效用变化期望值（效用的减小）与使用单位库存的效用变化的大小，选择效用变化（效用减小）较少的方式来满足生产需求。最后比较风险规避与风险中性时总采购成本的差别，结果表明风险规避时制造商的采购成本并不都会低于风险中性下的采购成本，但通过使用分散采购的方式，总采购成本在多次采购之间平均化。

（2）制造商使用长期合约或期权合约方式从供应商处订购原材料，或从现货市场购买原材料（情景一）。组合利用长期合约与现货方式采购时，最优长期合约订购量与决策者风险规避度 k 或现货价格波动 σ_s 的关系受到现货价格期望值 μ_s 与长期合约价格 c 两者大小的影响：μ_s 大于 c 时，最优订购量随着 $k(\sigma_s)$ 的变大而减少；μ_s 等于 c 时，最优订购量与 $k(\sigma_s)$ 无关；μ_s 小于 c 时，最优订购量随着 $k(\sigma_s)$ 的变大而增加。最优合约订购量随着现货价格期望值的变大而增加。

当采用期权合约与现货方式的混合采购策略时，最优期权购买量与决策者风险规避度 k 的关系受到期权定价的影响：期权费大于风险中性定价时，最优期权购买量随着 k 的变大而增加；期权费等于风险中性定价时，最优购买量与 k 无关；期权费小于风险中性定价时，最优购买量随着 k 的变大而减少。最优期权购买量会随着期权费或执行价格的增加而减少。最后，通过比较说明采用混合采购策略后制造商的均值—方差效用水平得以提高。

（3）原材料相应的金融市场工具存在时，制造商能利用期货或期权金融工具来应对原材料的采购风险（情景二、情景三）。期货合约存在时，制造商的最优购买量（期货合约或长期合约）与风险规避度或现货价格波动之间的关系受到现货价格期望值与期货价（或长期合约价）相对大小的影响，同情景一的情况类似。用计量经济方法分析了金属铜现货价格与期货价格间存在的均衡关系，并获得了不完美套期保值时金属铜的最优套期保值比率。

当期权合约存在时,制造商的最优期权合约与长期合约购买量受到决策者风险规避或现货价格波动影响的方向不同,若期权合约(长期合约)购买量增加,长期合约(期权合约)购买量则减少。

(4)对情景一进行扩展,考查制造商通过使用长期合约市场与现货市场多周期采购时的最优采购策略。在两周期的简化情形下,研究结果表明长期合约价出现不同的走势时,决策者的采购策略是不同的。当原材料的合约采购价格下降($c_1 > c_2$)时,第一期的采购总量随着风险规避度 k 的增大而减少。当原材料的合约采购价格上升($c_1 < c_2$)时,第一期的采购总量随着风险规避度 k 的增大而增加。第二期的最优合约订购量与风险规避度 k 之间的关系取决于($\mu_2 - c_2$)的符号。最后,比较三种不同采购方式下制造商效用水平的差别:采用混合采购策略的总效用最高,纯合约采购方式的效用次之,而现货采购时的效用水平最低。

7.2　研究展望

本书对价格波动下制造商的最优采购策略做了系统的分析与研究,获得一些有意义的结论。但本研究还存在一定的局限性,未来可以从以下方向做进一步深入研究:

(1)应对原材料价格波动的风险除了调整采购策略外,还有另外的一些应对措施。比如调整成品出厂价格,适当转嫁原材料成本上涨的压力;完善企业内部控制制度,加强技术研发与应用,从而有效控制能耗与物耗;调整产品的销售区域与客户结构等。进一步可探讨采购与其他应对方法的联合决策问题。

(2)大多数的文献中假设现货市场有无限的供应能力,而现实情况中会出现供应能力有限的情况,或者产生因突发事件导致供应中断的情形。可进一步探讨供应能力有限或有供应风险下的最优采购策略。

(3)本研究中没有考虑供应商的定价决策与制造商的采购决策之间的互相影响,而现有的供应商—制造商(或零售商)的协调机制研究大多假设价格成本或需求等信息为成员间的共同知识,但供应链成员之间拥有私有信息是常见的。未来的研究可考虑信息不对称情况下,拥有私有信息的供应链成员之间的协调机制。

参考文献

［1］刘福清. 探讨原材料采购价格内部控制体系——以套期保值在 ZJ 公司的应用为例［J］. 赤峰学院学报（自然科学版）. 2017,33（18）：109-111.

［2］Nagali V，Hwang J，Sanghera D，et al. Procurement risk management（PRM）at Hewlett-Packard company［J］. Interface，2008，38（1）：51-60.

［3］Kouvelis P，Chaers C，Wang H. Supply chain management research and production and operations management：review，trends，and opportunities［J］. Production and Operations Management，2006，15(3)：449-469.

［4］Cachon G. Supply chain coordination with contracts［M］. The handbook of operations research and management science：supply chain management，Graves S，De K T，Amsterdam：North-Holland，2003，229-339.

［5］Von Neumann J，Morgensterm O. Theory of games and economic behavior［M］. Princeton：Princeton University Press，1944.

［6］Lariviere M A. Supply chain contracting and coordination with stochastic demand［J］. International Series in Operations Research and Management Science，1999：233-268.

［7］运筹学教材编写组. 运筹学［M］. 北京：清华大学出版社，2005.

［8］Porteus E L. Stochastic inventory theory［J］. Handbooks in operations research and management science，1990，2：605-652.

［9］Petruzzi N C，Dada M. Pricing and the newsvendor problem：A review with extensions［J］. Operations Research，1999，47（2）：183-194.

［10］Mills E S. Price，output，and inventory policy：a study in the economics of the firm and industry[M]. 7 ed. New York：John Wiley，1962.

[11] Mills E S. Uncertainty and price theory[J]. The Quarterly Journal of Economics，1959，73(1)：116-130.

[12] Chung C S, Flynn J. A newsboy problem with reactive production [J]. Computers & Operations Research，2001，28(8)：751-765.

[13] Warburton R D H, Stratton R. The optimal quantity of quick response manufacturing for an onshore and offshore sourcing model [J]. International Journal of Logistics：Research and Applications，2005，8(2)：125-141.

[14] Khouja M. The single-period (news-vendor) problem：literature review and suggestions for future research[J]. Omega，1999，27 (5)：537-553.

[15] 夏雨,方磊. B2B市场中基于期权合同的零售商最优采购策略[J]. 管理学报,2017,14(2)：261-269.

[16] 戴宾,范雷,田颖.考虑供应断裂与产能恢复的多供应商-单制造商采购策略研究[J].管理学报,2016,13(12)：1826-1833.

[17] 徐和,彭伟真.供应风险下产品价格和质量水平的均衡策略研究[J].管理学报,2016,13(7)：1090-1094.

[18] Donohue K. Efficient supply contracts for fashion goods with forecast updating and two production modes[J]. Management Science. 2000，46(11)：1397-1422.

[19] Araman V, Kleinknecht J, Akella R. Seller and procurement risk management in e-business：Optimal long-term and spot market mix[R]. Department of Management Science and Engineering, Stanford University, Stanford, CA, 2001.

[20] Lee H, Whang S. The impact of the secondary market on the supply chain[J]. Management Science，2002，48(6)：719-731.

[21] Veeraraghavan S, Scheller-Wolf A. Now or later：A simple policy for effective dual sourcing in capacitated systems[J]. Operations Research，2008，56(4)：850-864.

[22] Oberlaender M. Dual sourcing of a newsvendor with exponential utility of profit[J]. International Journal of Production Econom-

ics，2011，133(1)：370-376.

[23] Spengler J J. Vertical integration and antitrust policy[J]. Journal of Political Economy，1950，58(4)：347-352.

[24] 蔡建湖,王丽萍.季节性商品两级供应链契约设计与协调模型研究综述[J].计算机集成系统与制造,2010,16(5):1012-1019.

[25] 王迎军.顾客需求驱动的供应链契约问题综述[J].管理科学学报，2005,8(2)：68-76.

[26] Pasternack B A. Optimal pricing and return policies for perishable commodities [J]. Marketing Science，1985，4(2)：166-176.

[27] Emmons H，Gilbert S M. The role of returns policies in pricing and inventory decisions for catalogue goods [J]. Management Science，1998，44(2)：276-283.

[28] Tsay A A. The quantity flexibility contract and supplier-customer incentives[J]. Management Science，1999，45(10)：1339-1358.

[29] Cachon G P, Lariviere M A. Supply chain coordination with revenue-sharing contracts：strengths and limitations[J]. Management Science. 2005，51(1)：30-44.

[30] Lee H L, Rosenblatt M J. A generalized quantity discount pricing model to increase supplier's profits [J]. Management Science，1986，32(9)：1179-1187.

[31] Monahan J P. A quantitative discount pricing model to increase vendor profits[J]. Management Science，1984(30)：720-726.

[32] Tsay A A, Agrawal N. Channel dynamics under price and service competition[J]. Manufacturing & Service Operations Management，2000，2(4)：372-391.

[33] 孙荣庭,孙林岩,李刚.不确定需求下多零售商竞争的供应链协调研究[J].工业工程与管理,2010,15(1):49-53.

[34] 刘南,吴桥,鲁其辉,等.物流服务商参与时两级供应链的协调策略研究[J].软科学,2011,25(10):125-129.

[35] Barnes-Schuster D, Bassok Y, Anupindi R. Coordination and flexibility in supply contracts with options[J]. Manufacturing Service Operations Management，2002，4(3)：171-207.

[36] Cheng F, Ettl M, Lin G Y, et al. Flexible supply contracts via

options[J]. Working Paper. IBM TJ Watson Research Center, Yorktown Heights，NY. 2003.

[37] Jornsten K，Nonas S，Sandal L，et al. Mixed contracts for the newsvendor problem with real options[J/OL]，http://ssrn. com/abstract＝1805625. 2011.

[38] 马士华,胡剑阳,林勇.一种基于期权的供应商能力预订模型[J].管理工程学报,2004,18(1)：8-11.

[39] 晏妮娜,黄小原.基于电子市场的供应链退货问题模型[J].系统工程理论方法应用,2005,14(6)：492-496.

[40] 晏妮娜,黄小原.B2B电子市场下供应链期权合同协调模型与优化[J].控制与决策,2007,22(5)：535-539.

[41] 崔爱平,刘伟.物流服务供应链中基于期权契约的能力协调[J].中国管理科学,2009,17(2)：59-65.

[42] 宁钟,孙薇.供应链风险管理研究评述[J].管理学家:学术版,2009(2)：54-64.

[43] Gaudenzi B，Zsidisin G，Hartley J. An exploration of factors influencing the choice of commodity price risk mitigation strategies [J]. Journal of Purchasing and Supply Management，2018，24(3)：218-237.

[44] 杨贵.多措并举,应对原材料价格波动——贵轮公司将原材料涨价影响降到最低[J].中国橡胶,2011(4)：13-14.

[45] Goel A. Integrating commodity markets in the procurement policies for different supply chain structures[D]. The University of Texas at Austin，2007.

[46] Hallikas J，Lintukangas K. Purchasing and supply：An investigation of risk management performance[J]. International Journal of Production Economics，2016，171：487-494.

[47] Pellegrino R，Costantino N，Tauro D. Supply Chain Finance：A supply chain-oriented perspective to mitigate commodity risk and pricing volatility[J/OL]. Journal of Purchasing and Supply Management，2019，25(2)：118-133.

[48] Fabian T，Fisher J L，Sasieni M W，et al. Purchasing raw material on a fluctuating market[J]. Operations Research，1959，7(1)：

107-122.

[49] Kalymon B A. Stochastic prices in a single-item inventory purchasing model[J]. Operations Research, 1971, 19(6): 1434-1458.

[50] Golabi K. Optimal inventory policies when ordering prices are random[J]. Operations Research, 1985, 33(3): 575-588.

[51] Berling P, Rosling K. The effects of financial risks on inventory policy[J]. Management science, 2005, 51(12): 1804-1815.

[52] Yang J, Xia Y. Acquisition management under fluctuating raw material prices [J]. Production and Operations Management, 2009, 18(2): 212-225.

[53] Berling P, Martínez-de-Albéniz V. Optimal inventory policies when purchase price and demand are stochastic[J]. Operations Research, 2011, 59(1): 109-124.

[54] Wang Y. The optimality of myopic stocking policies for systems with decreasing purchasing prices[J]. European Journal of Operational Research, 2001, 133(1): 153-159.

[55] 胡雄鹰,胡斌,张金隆.价格季节性随机波动环境下的产品采购策略[J].工业工程与管理,2008(6): 36-40.

[56] 谢智雪,郑力.基于 Bayes 方法的炼油厂采购策略[J].清华大学学报:自然科学版,2012, 52(4): 447-450.

[57] Arnold J, Minner S, Eidam B. Raw material procurement with fluctuating prices[J]. International Journal of Production Economics, 2009, 121(2): 353-364.

[58] Guo X, Kaminsky P, Tomecek P, et al. Optimal spot market inventory strategies in the presence of cost and price risk[J]. Mathematical Methods of Operations Research, 2011, 73(1): 109-137.

[59] 曹晓刚,闻卉,夏火松.价格波动下的生产-库存控制研究[J].控制与决策,2010,25(5): 730-735.

[60] Chambers M J, Bailey R E. A theory of commodity price fluctuations[J]. Journal of Political Economy, 1996, 104(5): 924-957.

[61] Deaton A, Laroque G. Competitive storage and commodity price dynamics [J]. Journal of Political Economy, 1996, 104 (5): 896-923.

[62] Routledge B R，Seppi D J，Spatt C S. Equilibrium forward curves for commodities［J］. The Journal of Finance，2000，55（3）：1297-1338.

[63] Dixit A K，Pindyck R S. Investment under uncertainty［M］. Princeton，NJ：Princeton Univ Press，1994.

[64] Seppi D J，Ronn E. Risk-neutral stochastic processes for commodity derivative pricing：An introduction and survey［M］. Real Options and Energy Management Using Options Methodology to Enhance Capital Budgeting Decisions，London：Risk Publications，2003，3-60.

[65] Smith J E，McCardle K F. Options in the real world：lessons learned in evaluating oil and gas investments［J］. Operations Research，1999，47（1）：1-15.

[66] Li C，Kouvelis P. Flexible and risk-sharing supply contracts under price uncertainty［J］. Management Science，1999，45（10）：1378-1398.

[67] Jaillet P，Ronn E I，Tompaidis S. Valuation of commodity-based swing options［J］. Management science，2004，50(7)：909-921.

[68] Miller L T，Chan S. Decision making under uncertainty—Real options to the rescue? ［J］. The engineering economist，2002，47(2)：105-150.

[69] 胡本勇,王性玉,彭其渊. 不确定市场环境下的销售商订货策略分析［J］. 软科学,2008，21(4)：79-82.

[70] Gurnani H，Tang C. Optimal ordering decisions with uncertain cost and demand forecast updating［J］. Management Science，1999，45(10)：1456-1462.

[71] Gavirneni S. Periodic review inventory control with fluctuating purchasing costs［J］. Operations Research Letters，2004，32(4)：374-379.

[72] Arcelus F，Srinivasan G. Generalizing the announced price increase problem［J］. Decision Science，1993(24)：847-866.

[73] Kouvelis P，Gutieerez G. The newsvendor problem in a global market：optimal centralized and decentralized control policies for a

two-market stochastic inventory system[J]. Management Science, 1997, 43(5): 571-585.

[74] Kamrad A, Siddique A. Supply contracts, profit sharing, switching, and reaction options[J]. Management Science, 2004, 50(1): 64-82.

[75] 杨庆定,黄培清.不确定价格下制造商的多阶段最优订购策略[J]. 西南交通大学学报,2005,40(5): 70-74.

[76] Hubbard R, Weiner R. Contracting and price adjustment in commodity markets: Evidence from copper and oil[J]. The Review of Economics and Statistics, 1989, 71(1): 80-89.

[77] 陈祥锋.供应链采购合同组合管理策略研究[J].科技导报,2006, 24(2): 78-81.

[78] Haksoz C, Seshadri S. Supply chain operations in the presence of a spot market: a review with discussion[J]. Journal of the Operational Research Society, 2007,58(11): 1412-1429.

[79] Allaz B, Vila J L. Cournot competition, forward markets and efficiency[J]. Journal of Economics Theory, 1993, 59(1): 1-16.

[80] Erhun F, Keskinocak P, Tayur S. Spot markets for capacity and supply chain coordination[R]. Pittsburgh, PA: Graduate School of Industrial Administration, Carnegie Mellon University, 2000.

[81] Serel D, Dada M, Moskowitz H. Sourcing decisions and capacity reservation contracts[J]. European Journal of Operational Research, 2001, 131(3): 635-648.

[82] Serel D A. Capacity reservation under supply uncertainty[J]. Computers and Operations Research, 2007, 34(4): 1192-1220.

[83] Williams J. Futures markets: a consequence of risk aversion or transactions costs? [J]. The Journal of Political Economy, 1987, 95(5): 1000-1023.

[84] Jouini E, Kallal H. Martingales and arbitrage in securities markets with transaction costs[J]. Journal of Economic Theory, 1995, 66(1): 178-197.

[85] Secomandi N, Kekre S. Optimal energy procurement in spot and forward markets[R]. Tepper School of Business, Carnegie Mellon

University，2011.

[86] Cohen M，Agrarwal N. An analytical comparison of long and short term contract[J]. IIE Trans，1999，31(8)：783-796.

[87] Peleg B，Lee H，Hausman W. Short-term e-procurement strategies versus long-term contracts[J]. Production and Operations Management，2002，11(4)：458-479.

[88] Etzion H，Pinker E. Asymmetric competition in B2B spot markets [J]. Production and Operations Management，2008，17(2)：150-161.

[89] Mendelson H，Tunca T. Strategic spot trading in supply chains [J]. Management Science，2007，53(5)：742-759.

[90] Li S，Murat A，Huang W. Selection of contract suppliers under price and demand uncertainty in a dynamic market[J]. European Journal of Operational Research，2009，198(3)：830-847.

[91] 王丽梅,姚忠,刘鲁.现货供应不确定下的优化采购策略研究[J].管理科学学报,2011,14(4)：24-35.

[92] 王丽梅,姚忠,刘鲁.基于需求价格相关商品的双源采购策略[J].计算机集成制造系统,2012,18(2)：396-404.

[93] 邢伟,胡萍萍,马珊珊,等.基于电子交易市场的最优采购策略[J].系统科学与数学,2012,31(11)：1478-1490.

[94] 李志鹏,黄河,徐鸿雁.供应风险下双源采购批发单价拍卖最优设计[J].管理科学学报,2017,20(8)：39-49.

[95] Akella R，Araman V，Kleinknecht J. B2B markets：Procurement and supplier risk management in e-business[J]. Supply Chain Management：Models，Applications，and Research Directions，2005：33-66.

[96] Spinler S，Huchzermeier A，Kleindorfer P R. Risk hedging via options contracts for physical delivery[J]. OR Spectrum，2003，25(3)：379-395.

[97] 李建斌,杨瑞娜.现货价格和需求关联时期权组合合约模式下采购风险管理策略[J].中国管理科学,2011,19(1)：12-20.

[98] Gaur V，Seshadri S. Hedging inventory risk through market instruments[J]. Manufacturing & Service Operations Management，

2005，7(2)：103-120.

[99] Gaur V，Seshadri S，Subrahmanyam M G. Optimal timing of inventory decisions with price uncertainty[J]. New York University，Leonard N. Stern School of Business，New York，NY，USA. 2007.

[100] Ritchken P，Tapiero C. Contingent claims contracting for purchasing decisions in inventory management[J]. Operations Research，1986，34(6)：864-870.

[101] Wu D J，Kleindorfer P R，Zhang J E. Optimal bidding and contracting strategies for capital-intensive goods[J]. European Journal of Operational Research，2002，137(3)：657-676.

[102] Spinler S，Huchzermeier A. The valuation of options on capacity with cost and demand uncertainty[J]. European Journal of Operational Research，2006，171(3)：915-934.

[103] Kleindorfer P R，Wu D J. Integrating long-term and short-term contracting via business-to-business exchanges for capital-intensive industries [J]. Management Science，2003，49 (11)：1597-1615.

[104] Wu D J，Kleindorfer P R. Competitive options，supply contracting，and electronic markets[J]. Management Science，2005，51(3)：452-466.

[105] Aggarwal P，Ganeshan R. Using risk-management tools on B2Bs：An exploratory investigation[J]. International Journal of Production Economics，2007，108(1)：2-7.

[106] 赵霞，黄培清. 一种基于期权合约和现货市场的零售商采购模型研究[J]. 科学技术与工程，2009，9(4)：1085-1087.

[107] Feng Y，Mu Y，Hu B. Commodity options purchasing and credit financing under capital constraint[J]. International Journal of Production Economics，2014，153：230-237.

[108] Arnold J，Minner S. Financial and operational instruments for commodity procurement in quantity competition[J]. International Journal of Production Economics，2011，131(1)：96-106.

[109] 张广胜，刘伟. 考虑价格风险的物流服务供应链能力组合采购决

策[J]. 计算机集成制造系统，2019，25(8)：2109-2118.

[110] 王恒,徐琪. 风险规避下基于期权契约的混合采购决策[J]. 计算机集成制造系统,2017,23(11)：2533-2540.

[111] 赵海峰,毛婉晴. 突发事件下服务供应链期权与现货市场组合采购决策[J]. 系统工程,2014，32(10)：78-83.

[112] 吴桥,刘南,庞海云. 结合期权合约与现货市场的原材料采购风险管理[J]. 控制与决策,2013,28(3)：334-338.

[113] Cachon G, Lariviere M. Contracting to assure supply：How to share demand forecasts in a supply chain[J]. Management Science, 2001, 47(5)：629-646.

[114] Martínez-de-Albéniz V, Simchi-Levi D. A portfolio approach to procurement contracts[J]. Production and Operations Management, 2005，14(1)：90-114.

[115] Martínez-de-Albéniz V, Simchi-Levi D. Competition in the supply option market[J]. Operations Research，2009，57(5)：1082-1097.

[116] Fu Q, Lee C, Teo C. Procurement management using option contracts：random spot price and the portfolio effect[J]. IIE Transactions, 2010，42(11)：793-811.

[117] Yao T, Xu S H, Moon Y, et al. Outsourcing contract selection and timing decisions under cost uncertainty[J/OL]. http://test. scripts. psu. edu, 2012.

[118] 吴锋,舒磊,陈晨. 多渠道组合采购的风险厌恶决策[J]. 系统管理学报,2014，23(1)：77-82.

[119] Hilmer F, Quinn J. Strategic outsourcing：leveraging knowledge capabilities[J]. Sloan management review, 1999，35(4)：43-55.

[120] Katz P, Sadrian A, Tendick P. Telephone companies analyze price quotations with Bellcore's PDSS software[J]. Interfaces, 1994，24(1)：50-63.

[121] Sadrian A A, Yoon Y S. A procurement decision support system in business volume discount environments[J]. Operations Research, 1994，42(1)：14-23.

[122] Tibben-Lembke R S. N-period contracts with ordering con-

straints and total minimum commitments：Optimal and heuristic solutions[J]，European Journal of Operational Research，2004，156(2)：353-374.

[123] Talluri S，Lee J Y. Optimal supply contract selection[J]. International Journal of Production Research，2010，48（24）：7303-7320.

[124] Golovachkina N，Bradley J. Supplier - manufacturer relationships under forced compliance contracts[R]. Johnson School of Management，Cornell University，2002.

[125] Burnetas A，Ritchken P. Option pricing with downward sloping demand curves：The case of supply chain options[J]. Management Science，2005，51(4)：566-580.

[126] 陈崇萍,陈志祥.海外供应价格可变的国内外双源采购决策[J].北京理工大学学报(社会科学版),2017,19(5)：89-96.

[127] 刘英,慕银平.存在期权和现货交易的风险厌恶型供应链最优采购决策[J].系统管理学报,2016,25(2)：262-271.

[128] 常志平,蒋馥.供应链中电子市场与合约市场的协调研究[J].华中科技大学学报(自然科学版),2004,32(1)：111-113.

[129] 陈祥锋,朱晨波.供应链采购管理中的期权合同价值研究[J].系统工程学报,2006,22(4)：401-406.

[130] 邢伟,汪寿阳,冯耕中.B2B电子市场环境下供需双方博弈分析[J].系统工程理论与实践,2008,28(7)：56-60.

[131] Chen S L，Liu C L. Procurement strategies in the presence of the spot market -an analytical framework[J]. Production Planning & Control，2007，18(4)：297-309.

[132] 晏妮娜,黄小原.B2B在线市场期权合同协调的鲁棒策略[J].系统工程理论与实践,2006,1：102-106.

[133] 郭琼,杨德礼.基于期权与现货市场的供应链契约式协调的研究[J].控制与决策,2006,21(11)：1229-1233.

[134] 李培勤.电子市场与期权合约市场并存下的供应链优化[J].数学的实践与认识,2009,39(17)：28-43.

[135] 王丽梅,姚忠,刘鲁.电子市场下供应链协调研究进展[J].系统工程,2009,27(3)：1-9.

［136］Markowitz H M. Mean-Variance Analysis in Portfolio Choice and Capital Markets［M］. Oxford, UK：Basil Blackwell，1987.

［137］Markowitz H M. Portfolio selection［J］. Journal of Finance，1952，7(1)：77-91.

［138］Chen F，Federgruen A. Mean-variance analysis of basic inventory models［R］. Columbia University，2000.

［139］Shu L，Wu F，Ni J，et al. On the risk-averse procurement strategy under unreliable supply［J］. Computers & Industrial Engineering，2015，84：113-121.

［140］Seifert R W，Thonemann U W，Hausman W H. Optimal procurement strategies for online spot markets［J］. European Journal of Operational Research，2004，152(3)：781-799.

［141］Chiu C H，Choi T M. Supply chain risk analysis with mean-variance models：A technical review［J］. Annals of Operations Research，2016，240(2)：489-507.

［142］Tapiero C S. Value at risk and inventory control［J］. European Journal of Operational Research，2005，163(3)：769-775.

［143］王壬,尚金成,周晓阳,等.基于条件风险价值的购电组合优化及风险管理［J］.电网技术,2006,30(20)：72-76.

［144］王金凤,李渝曾,张少华.基于 CVaR 的供电公司电能购买决策模型［J］.电力自动化设备,2008,28(2)：19-23.

［145］Li B，Chen P，Li Q，et al. Dual-channel supply chain pricing decisions with a risk-averse retailer［J］. International Journal of Production Research，2014，52(23)：7132-7147.

［146］Yau S，Kwon R，Rogers J，et al. Financial and operational decisions in the electricity sector：Contract portfolio optimization with the conditional value-at-risk criterion［J］. International Journal of Production Economics，2011，134(1)：67-77.

［147］Tapiero C S. Orders and inventory commodities with price and demand uncertainty in complete markets［J］. International Journal of Production Economics，2008，115(1)：12-18.

［148］Tapiero C S，Kogan K. Risk-averse order policies with random prices in complete market and retailers' private information［J］.

European Journal of Operational Research，2009，196（2）：594-599.

[149] Shen H，Pang Z，Cheng T C E. The component procurement problem for the loss-averse manufacturer with spot purchase[J]. International Journal of Production Economics，2011，132(1)：146-153.

[150] Gan X，Sethi S P，Yan H. Channel coordination of supply chains with risk-averse agents[J]. Production and Operations Management，2004，13(2)：135-149.

[151] Gan X，Sethi S P，Yan H. Channel coordination with a risk-neutral supplier and a downside-risk-averse retailer[J]. Production and Operations Management，2005，14(1)：80-89.

[152] Yi J，Scheller-Wolf A. Dual sourcing from a regular supplier and a spot market[R]. GSIA-Carnegie Mellon University，2003.

[153] Ganeshan R，Boone T，Aggarwal P. Optimal procurement portfolios when using B2Bs：A model and analysis[J]. International Journal of Production Economics，2009，118(1)：146-151.

[154] Nascimento J M，Powell W B. An optimal approximate dynamic programming algorithm for the lagged asset acquisition problem [J]. Mathematics of Operations Research，2009，34（1）：210-237.

[155] Inderfurth K，Kelle P. Capacity reservation under spot market price uncertainty[J]. International Journal of Production Economics，2011，133(1)：272-279.

[156] Kouvelis P，Li R，Ding Q. Managing storable commodity risks：the role of inventory and financial hedge[J]. Manufacturing and Service Operations Management，2013，15(3)：507-521.

[157] 陈晨,吴锋.基于期货、期权与现货组合的采购决策和风险控制研究[J].运筹与管理,2011(4)：149-154.

[158] 潘伟,王凤侠,吴婷.不同突发事件下进口原油采购策略[J].中国管理科学,2016,?(7)：27-35.

[159] 慕银平,刘利明.采购价格柔性策略与供应链利润风险分析[J].中国管理科学,2015a,23(11)：80-87.

[160] 慕银平,刘利明. 价格柔性合同下的原材料采购策略及风险分析[J]. 中国管理科学,2015b,23(3)：108-117.

[161] Hodder J E. Exposure to exchange-rate movements[J]. Journal of International Economics，1982，13：375-386.

[162] Pantzalis C，Simkins B J，Laux P A. Operational hedges and the foreign exchange exposure of US multinational corporations[J]. Journal of International Business Studies，2001，32（4）：793-812.

[163] Ding Q，Dong L，Kouvelis P. On the integration of production and financial hedging decisions in global markets[J]. Operations Research，2007，55(3)：470-489.

[164] Dong L，Kouvelis P，Su P. Operational hedging strategies and competitive exposure to exchange rates[J]. Working Paper，Washington University in St. Louis，Olin School of Business，2006.

[165] 邢伟,汪寿阳,冯耕中. B2B 电子市场对零售商最优策略影响研究[J]. 管理科学学报,2008,11(5)：1-6.

[166] Nie X，Boyac T，Gumus M，et al. Joint bidding and procurement strategies under price volatility[R/OL]. http://ssrn. com/abstract=1732239.

[167] Devalkar S，Anupindi R，Sinha A. Integrated Optimization of Procurement，Processing and Trade of Commodities[J]. Operations Research，2011，59(6)：1369-1381.

[168] Goel A，Gutierrez G J. Multiechelon procurement and distribution policies for traded commodities[J]. Management Science，2011，57(12)：2228-2244.

[169] Boyabatli O，Kleindorfer P R，Koontz S R. Integrating long-term and short-term contracting in beef supply chains[J]. Management Science，2011，57(10)：1771-1787.

[170] Hull J. Options，futures and other derivatives[M]. New Jersey：Pearson Prentice Hall，2009.

[171] Engle R F，Granger C W J. Co-integration and error correction：representation，estimation，and testing[J]. Econometrica：Jour-

nal of the Econometric Society, 1987：251-276.

[172] 庞皓.计量经济学[M].北京:科学出版社,2007.

[173] 王燕.应用时间序列分析[M].北京:中国人民大学出版社,2008.

[174] 武佩剑,邓贵仕,田炜.基于 FFA 的运费风险管理研究[J].软科学,2008(9)：70-72.

[175] 齐明亮.套期保值比率与套期保值的效绩——上海期铜合约的套期保值实证分析[J].华中科技大学学报:社会科学版,2004,18(2)：51-54.

[176] 彭红枫,叶永刚.中国铜期货最优套期保值比率估计及其比较研究[J].武汉大学学报:哲学社会科学版,2008,60(6)：863-868.

[177] 郑振龙,陈蓉.金融工程(第二版)[M].北京:高等教育出版社,2008.

[178] 吴冲锋,钱宏伟,吴文锋.期货套期保值理论与实证研究(I)[J].系统工程理论方法应用,1998(4)：20-26.

[179] 古扎拉蒂,波特.计量经济学基础[M].北京:中国人民大学出版社,2011.

[180] 王丹萍,薛小峰.双源采购渠道下风险规避成员最优组合采购策略研究[J].上海经济研究,2011(5)：83-96.